Training Note トレーニングノートα 英語長文読解

はじめに

　この問題集は，高校2〜3年の長文問題が得意になりたい生徒のために刊行されたものです。いくら単語・熟語・構文を覚えても長文が読み取れないという，多くの生徒の悩みを一掃する読解法を，等位接続詞に注目してわかりやすく解説してあります。受験においては「長文を制するものは受験を制する」と言っても過言ではありません。長文の読解に不安をもっている皆さんは，この問題集に巡り会ったこのときから，英文の構造がきちんと理解でき，長文問題が得意になることでしょう。

　また，毎日一題ずつ長文を読み慣れることが大切です。そのためには，語彙力も必要となります。教科書の単語・熟語の習得はもちろんのこと，そのほかにも自分に合った勉強法で語彙を増やしていきましょう。例えば，入試の長文で単語や熟語を覚える人もいれば，学校で使用している単語集や熟語集で覚える人もいるでしょう。英語は，構文を理解し語彙を増やしていけば着実に実力がつく教科なので，計画を立てて根気強く取り組んでほしいと思います。

　皆さんが，この問題集で等位接続詞の大きな役割を理解し，今までのように，何となく長文の意味を把握するのではなく，きちんと，はっきりと意味が読み取れ，長文が好きになり，読解力が飛躍的に伸びることを祈ってやみません。

編著者しるす

本書の特色

- 20の題材は，国・公・私立の大学・短大入試に出題された多岐にわたる分野から，頻度の高い重要構文の入った長文のうち比較的短いものを厳選しています。

- 英語の苦手な生徒にも手がつけやすいように，1〜10にはパラグラフを中心に長文の考え方のポイントをつけ加えました。また，易しいものから少しずつ難易度の高いものへ演習できるように配列しています。

- 問題文には，図やチラシ，地図を読み取る問題や，設問には，本文の内容を正確に把握しているかチェックするための内容一致問題や，文の構造を理解しながら読めているかが確認できる問題や，記述式問題などを設けています。

- 読むスピードを意識できるように，目標時間と語数を表示し，p.3にWPMの記入欄を設けています。

- 解答編には，解法のアドバイスと解説には，文の構造がきちんとわかるように等位接続詞に焦点を当て，簡潔に説明をつけ加えています。

- 「長文精読読解のキーポイント」では，長文を正確に読み解くためのポイントを4つに絞り解説しています。巻末の「長文速読のキーポイント」では，どのようにすれば速く正確に読めるかを，「チャンク読み」の解説とともに解説しています。

目　次

WPM表

$$\text{WPM} = \text{本文語数} \times \frac{60}{\text{読むのにかかった時間（秒）}}$$

日付	/	/	/	/	/	/	/	/	/	/
単元	1	2	3	4	5	6	7	8	9	10
語数	260	170	176	185	244	208	209	218	212	207
読むのにかかった時間(秒)	秒	秒	秒	秒	秒	秒	秒	秒	秒	秒
WPM										
日付	/	/	/	/	/	/	/	/	/	/
単元	11	12	13	14	15	16	17	18	19	20
語数	128	294	252	313	246	245	238	245	256	348
読むのにかかった時間(秒)	秒	秒	秒	秒	秒	秒	秒	秒	秒	秒
WPM										

※ WPM とは Words Per Minute の略で，1 分間に何語読めたかを表します。

重要構文

3

長文精読読解のキーポイント

　入試長文問題は時間との戦いであり，要旨をすばやく読み取り，なおかつ細かい設問にも対応できる実力を養う必要がある。

精読読解法　細かい設問に対して，的確に答える

a) 構文を見抜く

☐ Reading and writing have long been **thought of as** skills supporting each other: to read is to recognize and interpret language that has been written: to write is to plan and produce language **so that** it **can** be read.

（注）recognize　認識する　　interpret　解釈する　　　　　　　　〔実践女子大〕

・think of A as B「AをBとみなす」の受動態であることを見抜く。

・so that 主語 can 〜「主語が〜する目的で，〜できるように」

　⇒ so that 主語 can be 〜「主語が〜される目的で，〜されるように」[受動態]

[和 訳]　読むことと書くことは，長い間お互いに支えあっている技術だとみなされてきた。つまり読むことは書かれた言葉を認識して解釈することである。そして書くことは，<u>それ</u><u>(language)が読まれるように</u>言葉を構想し作り出すことである。

b) 等位接続詞 and / or / but / ,(カンマ)に着目し，文の構造をきちんと把握する

☐ A proverb is a traditional saying which offers advice **or** presents a moral in a short **and** concise manner. 〔大阪大〕

（注）proverb　諺(ことわざ)　　saying　格言　　offer　与える　　present　表す　　moral　教訓　　manner　方法

A proverb is a traditional saying which ⎰ offers advice ⎱
　　　　　　　　　　　　　　　　　or ⎱ presents a moral ⎰ in a ⎰ short ⎱ manner.
　　　　　　　　　　　　　　　　　　　　　　　　　　　and ⎱ concise ⎰

[和 訳]　諺は短く<u>て</u>簡潔な方法でアドバイスを与えたり，<u> </u>教訓を表したりする伝統的な言葉である。

☐ We are only born with so much natural rhythm **and** harmony **and** we have to search for **and** develop ways of maintaining both. 〔東京大〕

（注）develop　発展させる　　maintain　維持する　　both=natural rhythm and harmony

We are only born with so much natural { rhythm [and] harmony }

[and] we have to { search for [and] develop } ways of maintaining both.

[和 訳] 私たちはある一定のリズム感と調和しか持って生まれてこない。そして私たちは,その両方を維持する方法を探り,発達させなければならない。

c) 省略されている語句をすばやく見抜く力を養う

☐ When members of a group are working cooperatively, they can clearly accomplish more than a single individual can. 〔関西学院大〕

(注) accomplish （仕事・計画を)成し遂げる,果たす individual 個人,個々

・文末の can の後ろに accomplish が省略されている。

[和 訳] 集団のメンバーが協力して働いているとき,彼らは,明らかに一個人が(成し遂げることが)できる以上の成果をあげることができる。

d) 代名詞,代動詞が何を指しているのかを,きちんと理解する

☐ Fundamentally, there are just two major food illnesses in our society: eating too much and eating too little. **The former** is more prevalent, but **both** have steadily increased over the past few decades, ～ . 〔東京大〕

(注) prevalent 優勢な,一般的な steadily 絶えず

・The former = eating too much both = eating too much and eating too little

[和 訳] 基本的に私たちの社会には,まさに二大食事疾病がある。それは,過食症と拒食症である。前者(過食症)はより一般的だが,この数十年間で,両者(過食症と拒食症)は絶えず増えてきた。

☐ Some adults who do not go to college or university when they leave school may wish to **do so** later in life but find they cannot because of work or family commitments or lack of money. 〔龍谷大〕

(注) leave 卒業する commitment 責任,関与 lack 欠乏

・do so = go to college or university

cannot の後ろに go to college or university が省略されている。

[和 訳] 学校を卒業するときに大学に行かない大人の中には,人生において,後にそうしたい(大学に行きたい)と思うが,仕事や家族の責務やお金が足りないという理由で行けないということに気づく人がいるかもしれない。

※ほかに the latter / that of / those of / following / counterpart などもおさえておく。

① 日本の食べ物番組

🖉 POINTS

解答▶別冊P.1

日本と西欧の食べ物に関するテレビ番組の違いは何だろうか。

One of the interesting things visitors to Japan notice is the large number of shows on Japanese television that relate to food. Of course, Western countries have a lot of food shows but it seems the majority of food shows on Japanese television show people eating rather than cooking.

5　(a)【these / thing / interesting / shows / the / about】 is the reaction of the television personality or movie star or whoever is doing the tasting. Typically, (b)the person will carefully look at the food to be eaten, pick it up slowly, put it into his or her mouth and then pause for a long time. After the pause, the taster will almost always show a look of surprise and then
10　say either, "Ooishii!" or "Umai!"

The really (c)fascinating thing is that the reaction is almost always one of these two words and nothing else. In other countries, the reactions could be one of hundreds of expressions and most people (d)【say / from / different / try / something / would / to】 what other people had just
15　said. For example, one person might say, "Delicious," and the next person would say something like, "This is really great," and the third person would chime in with a different phrase with the same meaning such as "This food is fantastic."

Western television shows would handle such programs differently. Of
20　course, someone would taste the food in question but this would only take a brief portion of the show. Rather, more time would be spent showing the restaurant, talking about how the food was prepared and the cost of the food in question.

日本の食べ物を扱うテレビ番組には, どのような特徴があるだろうか

西欧の食べ物の番組の場合はどうだろうか

重要語句　□ notice　気づく　　□ relate to ~　~に関係している　　□ majority　大多数
□ reaction　反応　　□ television personality　テレビタレント　　□ typically　一般的に
□ pause　間を置く　　□ chime in　相づちを打つ　　□ phrase　表現　　□ handle　扱う　　□ brief　短い
□ portion　部分　　□ rather　むしろ　　□ prepare　準備する

□ **1** 本文の内容に合うものをア～エから１つ選びなさい。　　　　　（　　　）

ア　日本へ来た外国人の多くが，日本のテレビにはグルメ番組が少ないという。

イ　日本以外のグルメ番組では，料理を食べた人のリアクションが非常に多彩である。

ウ　日本のグルメ番組では，料理を作るシーンがとても多い。

エ　レストラン紹介や食べ物の値段紹介は，西欧のグルメ番組ではほとんど扱われない。

□ **2** 【　】(a), (d)内の語を並べかえて，３番目にあたる語を選びなさい。

(a)　ア　these　　　イ　thing　　　ウ　interesting　　　エ　shows

　　オ　the　　　カ　about　　　　　　　　　　　　　　　　（　　　）

(d)　ア　say　　　イ　from　　　ウ　different　　　エ　try

　　オ　something　カ　would　　キ　to　　　　　　　　　（　　　）

□ **3** 下線部(b)の文の意味に最も近いものをア～エから１つ選びなさい。　（　　　）

ア　その人物はその食物を食べるために注意深く見つめ，

イ　その人物はその食物が食べられる様子を注意深く見つめ，

ウ　その人物は他人がその食物を食べるかどうか注意深く見つめ，

エ　その人物は食べようとしている食物を注意深く見つめ，

□ **4** 下線部(c)に最も近い意味を表すものをア～エから１つ選びなさい。　（　　　）

ア　boring　　イ　disappointing　　ウ　interesting　　エ　relaxing

□ **5** 次の単語を指示に従って書きかえなさい。

(1)　relate（名詞形）　..................................　(2)　majority（形容詞形）..................................

(3)　reaction（動詞形）..................................　(4)　prepare（名詞形）..................................

📖 **重要構文**

① **either A or B**「AかBのどちらか」

　either, "Ooishii!" or "Umai!"

　「おいしい！」か「うまい！」

② 関係代名詞の **what**「(…する)もの〔こと〕」

　what other people had just said

　「他の人がついさっき言ったこと」

7

② 若者の犯罪と栄養

語数 170語
目標 1分40秒

POINTS

栄養素と犯罪にはどのような因果関係があるのだろうか。

解答▶別冊P.2

I'm a great believer in the idea that relatively small changes in our nutritional status bring big benefits in the long term. So I was very interested to read recent British research showing that giving basic nutrients to young offenders can significantly reduce their criminal
5 tendencies.

イギリスの最近の研究とはどのようなものなのか

The (1   ) that the answer to Britain's youth crime epidemic may be found on the shelves of our local health-food store might seem a little far-fetched, but there is good (2   ) to believe there is some truth in this. (a)It is a fact that our mood and behavior are, to a degree, dependent on the
10 nutrients the brain gets from the diet.

青少年犯罪の多発という問題に対する解決法は？

(b)No wonder, then, that more and more research is stacking up to suggest that altering this organ's fuel supply can (c)take the edge off a tendency toward delinquency.

Scientists (d)【idea, exploring, about 20, been, years, this, have, for】 now.
15 Early research discovered that individuals eating an unhealthy diet were more likely to commit serious offenses compared to those consuming relatively healthy fare.

科学者たちの20年間の研究結果は…

(注) nutritional 栄養上の　　nutrient 栄養素　　epidemic 多発　　far-fetched 信じがたい　　diet 飲食物
delinquency 非行　　fare 飲食物

重要語句 □ relatively 比較的　□ status 状態　□ benefit 恩恵, 利益　□ recent 最近の
□ research 調査, 研究　□ offender 犯罪者　□ significantly 著しく, かなり　□ criminal 犯罪の
□ tendency 傾向　□ crime 犯罪　□ shelf 棚　□ local 地元の, 地方の　□ behavior 行動
□ be dependent on ～ ～に依存している　□ stack up (事が)運ぶ, 進む, 積み重なる　□ alter 変える
□ organ (生物の)器官　□ fuel supply 燃料補給　□ take the edge off 鈍化させる
□ explore 調査する, 探求する　□ be likely to ～ ～する傾向がある
□ commit an offense 罪を犯す　□ serious 重大な　□ consume 食べる, 消費する

□ **1**　（　1　）（　2　）に入る最も適切なものをア〜クから１つずつ選びなさい。

ア　definition　　イ　example　　ウ　reason　　エ　event

オ　question　　カ　trouble　　キ　idea　　ク　doubt

(1) (　　　　) 　(2) (　　　　)

□ **2**　下線部(b)に最も近い意味を表す表現をア〜オから１つ選びなさい。　　(　　　)

ア　It is not important　　イ　It is unexpected　　ウ　It is not clear

エ　It is not surprising　　オ　It is not possible

□ **3**　下線部(c)に最も近い意味を表す語を，本文から１語抜き出しなさい。

□ **4**　【　　】(d)内の語句を並べかえて，意味の通る文にしなさい。

□ **5**　下線部(a)を和訳しなさい。

□ **6**　次の単語を指示に従って書きかえなさい。

(1) believe（名詞形）

(2) nutritional（名詞形）

(3) dependent（名詞形）

(4) explore（名詞形）

📖 **重要構文**

① 名詞 **that** 〜 「〜という 名詞 」

the idea that relatively small changes in our nutritional status bring big benefits in the long term

「栄養状態の比較的小さな変化が，長期的には大きな利益をもたらすという 考え 」

② **compared to** 〜 「〜と比べると」

compared to those consuming relatively healthy fare

「比較的健康的な食事をとっている人々と比べると」

③ サポート犬

POINTS

解答▶別冊P.2

チラシに記載されているサポート犬の活動内容は何だろうか。

We Support the World with Dogs!

XYZ Rescue & Therapy Dog Association has been in service (1) 2001. We are a private organization to (a)support people after natural disasters. We train dogs in our facility for search, rescue

5 and therapy. The trained dogs assist rescue teams in finding missing people after earthquakes and landslides. More than 20 of our dogs worked in disaster relief efforts during the last decade. Our therapy dogs also assist people who suffer from disaster-related difficulties. Our trainers take these dogs to hospitals and schools.

XYZレスキュー＆セラピードッグ協会とはどんな団体だろうか

10 ### *Wanted!*

(b)We constantly need volunteers to take care of the dogs at our training site, as well as to conduct weekend events for visitors. If you are interested and over 18, please contact us for an interview. Donations are also always welcome!

今どんな人を募集しているのか

15 ### *Photo contest for our web page*

We are looking for photos that show our rescue and therapy dogs in action. (c)Why not visit our training site, and take some photos after learning more about these special animals? For more information about the contest, visit

20 <<https://xyzrescuedogcenter.com/photocontest>>

コンテストの内容とは

重要語句 □ association 協会　□ private 民間の　□ natural disaster 自然災害
□ train 訓練する　□ facility 建物　□ assist 助ける　□ relief 救援
□ suffer from ~ ~に苦しむ　□ conduct 行う　□ donation 寄付

□ **1** （ 1 ）に入る最も適切な前置詞を1語書きなさい。　　　　（　　　）

□ **2** 下線部(a)とほぼ同じ意味の動詞を本文から1語抜き出しなさい。　　（　　　）

□ **3** 下線部(b)を和訳しなさい。

....

....

□ **4** 下線部(c)を和訳しなさい。

....

....

□ **5** 次の英文の下線部に入る最も適切なものをア～エから1つ選びなさい。　（　　　）

According to the article, XYZ Rescue & Therapy Dog Association _____.

ア　send dogs to search for missing people after natural disasters

イ　find suitable families to adopt retired therapy dogs

ウ　is importing trained rescue dogs for people in need

エ　raise rescue dogs and therapy dogs at schools and hospitals

□ **6** 本文の内容に合うものをア～エから1つ選びなさい。　　　　（　　　）

ア　This is the first year of a new association to train therapy dogs.

イ　The association has been financed by the government since 2001.

ウ　The training site is not open to the public in order to prevent the spread of diseases.

エ　Only approved people will be allowed to help with the weekly events.

📖 **重要構文**

① **more than** ～「～以上」
   More than 20 of our dogs worked in disaster relief efforts during the last decade.
   「過去10年間で，20頭以上の犬が災害救助活動に従事した」
   ※ more than A は A を含まない表現であるが，正確さを求めない場合は「～以上」と訳すことがある。

② 関係代名詞の **that**
   We are looking for photos that show our rescue and therapy dogs in action.
   「レスキュー犬やセラピー犬が活躍する様子を撮影した写真を募集している」

④ 人間の３種類の記憶

語数 185語
目標 1分50秒

POINTS

解答 ▶ 別冊P.3

人間の記憶にはどのようなものがあるのだろうか。

The three types of the human memory are the sensory memory, the short-term memory, and the long-term memory. This division of the memory into phases is (a)based on the length of time of the memory. （　1　）

5　Sensory memory is instantaneous memory. It is an image or memory that enters your mind only for a short period of time; it comes and goes in under a second. （　2　）

Information can be held in the short-term memory for about twenty seconds or as long as you are actively using it. If you repeat a fact to 10　yourself, that fact will stay in your short-term memory as long as you (b)keep repeating it. （　c　） you stop repeating it, either it is forgotten or it moves into long-term memory. （　3　）

Long-term memory is the (d)huge memory tank that can hold ideas and images for years and years. （　4　） Information can be added to 15　your long-term memory when you actively try to put it there through memorization or when an idea or image enters your mind (e)on its own. （　5　）.

3種類の記憶は何を基準に分類されているのだろうか

感覚記憶とはどのようなものなのか

短期記憶とはどのようなものなのか

長期記憶とはどのようなものなのか

重要語句 □ sensory memory　感覚記憶　　□ short-term memory　短期記憶
□ long-term memory　長期記憶　　□ division　分類　　□ phase　段階　　□ length　長さ[←形容詞：long]
□ instantaneous　瞬間的な　　□ under　達しないで，未満で　　□ actively　積極的に，活発に
□ keep 〜ing　〜し続ける　　□ stop 〜ing　〜するのをやめる　　□ tank　貯蔵庫
□ add A to B　AをBに加える

□ **1** 次の英文が入る場所として最も適切なものを空所（ 1 ）〜（ 5 ）から１つ選びなさい。

（　　　）

The memory will not last longer than that unless the information enters the short-term memory.

□ **2** （ c ）に入る最も適切なものをア〜オから１つ選びなさい。

（　　　）

ア Although　　イ As　　ウ Because　　エ Before　　オ Once

□ **3** short-term memory に記憶が保持されるのはどれくらいか。最も適切なものをア〜オから１つ選びなさい。

（　　　）

ア a little less than a minute　　イ for a few seconds

ウ for about twenty seconds　　エ for a few minutes

オ for years

□ **4** 下線部(a), (b), (d), (e)に最も近い意味を表すものをア〜オから１つずつ選びなさい。

(a) based on

ア according to　　イ at the foot of　　ウ in spite of

エ on top of　　オ up to

（　　　）

(b) keep

ア continue　　イ have　　ウ hold　　エ practice　　オ save　　（　　　）

(d) huge

ア creative　　イ deep　　ウ large　　エ strong　　オ tall　　（　　　）

(e) on its own

ア without difficulty　　イ in the same way　　ウ automatically

エ visually　　オ regularly

（　　　）

□ **5** 次の単語を指示に従って書きかえなさい。

(1) instantaneous（名詞形） ....

(2) divide（名詞形） ....

(3) memory（動詞形） ....

(4) add（名詞形） ....

📖 重要構文

as long as 〜「〜する限り」

as long as you are actively using it

「あなたがそれを積極的に使っている限り」

as long as you keep repeating it

「あなたがそれを繰り返し続ける限り」

POINTS

解答 ▶ 別冊P.4

左利きの人に事故が多いのはなぜなのだろうか。

Left-handed People and Accidents

Which hand do you use to do most things — your left hand or your right one? Most people prefer to use their right hand more. If (a)this is true of you, then you are right-handed. Left-handed people, (　1　), are those
5　who use their left hand to do most things — eating, writing, holding tools or throwing balls, (　2　). A person whose left hand is used more can also be (　3　) a left-hander.

A Canadian scientist, who's been studying left-handed people, has made some surprising discoveries about them. The scientist found that left-
10　handers have many more accidents than right-handed people.

左利きの人を調査してわかったことは…

The study was made of almost 1,900 left-handed students at the University of British Columbia over a two-year period. It was discovered that left-handed people are forty-nine percent more likely to have an accident at home than right-handed people. They are twenty-five percent
15　more likely to have an accident at work. And they are twenty percent more likely to have an accident while (　4　) sports activities.

Many accidents suffered by left-handed people happen when they use electric power tools. This is because the tools are designed to be held and used easily by right-handers. So, in order to operate them, a left-
20　handed person must use his right hand or else turn his body in a strange position. (　5　), left-handers are fifty-four percent more likely to have, an accident while using power tools than right-handers.

左利きの人はどんなときに事故に遭うのか

重要語句　□ left-handed　左利きの　　□ prefer to ～　～することを(より)好む
□ right-handed　右利きの　　□ tool　道具　　□ left-hander　左利きの人　　□ discovery　発見
□ be likely to ～　～しそうである　　□ suffer　(損害などを)被る　　□ electric power　電力
□ design　設計する　　□ operate　操作する

□ **1**　（　1　），（　2　），（　5　）に入る最も適切なものをア～ウから1つずつ選びなさい。
ただし，大文字で始めるべき語句も小文字で始めています。

ア　for example
イ　for these reason
ウ　on the other hand

(1) (　　　　　)　(2) (　　　　　)　(5) (　　　　　)

□ **2**　下線部(a) this は何を指すか，日本語で答えなさい。

_____

□ **3**　（　3　）に入る最も適切なものをア～ウから1つ選びなさい。

ア　call　　イ　called　　ウ　calling　　　　　　　　　　（　　　　）

□ **4**　（　4　）に入る最も適切なものをア～ウから1つ選びなさい。

ア　taking part in　　イ　took part in　　ウ　take part in　　　　　（　　　　）

□ **5**　本文の内容に合うものには○を，合わないものには×を書きなさい。

ア　あるカナダ人の科学者による調査は，ほぼ1900人のブリティッシュ・コロンビア大学の
右利きの学生に対して2年間行われた。　　　　　　　　　　（　　　　）
イ　左利きの人が家で事故を起こす割合は，右利きの人よりも49%多い。　　（　　　　）
ウ　どんな器具を使っているときでも，左利きの人は，右利きの人よりも54%事故を起こす
確率が高い。　　　　　　　　　　　　　　　　　　　　　（　　　　）

□ **6**　次の単語を指示に従って書きかえなさい。

(1) prefer（名詞形）.........................　　(2) discovery（動詞形）.........................
(3) electric（名詞形）.........................　　(4) operate（名詞形）.........................

📖 **重要構文**

① **have〔has〕＋been＋現在分詞（現在完了進行形）**
A Canadian scientist, who's been studying left-handed people, ～ about them.
「あるカナダ人科学者は，左利きの人をずっと調査していて，彼らについて～」

② **in order to ～**「～するために」
in order to operate them
「それらを操作するために」

15

⑥ 自分のことは自分でする

語数	208語
目標	1分50秒

POINTS

解答▶別冊P.5

アメリカ人は，家事，お金，余暇などについてどのように考えているのだろうか。

　　Since the United States is a "Do-it-yourself" country, we generally
carry our own bags, take our laundry to the laundromat, stand in line
at the grocery store, or shine our own shoes, (a)whoever we may be —
lawyer, professor, bank president, or corporate executive. Service in the
5 States is purely a matter of cold cash; it has nothing to do with deference,
respect, position, race, nationality, or personality. Whoever can afford the
extremely high cost of service in this country, and wants to pay it, may.
But there is absolutely no social stigma in doing one's own daily chores.
In fact, Americans take pride in do-it-yourself accomplishments and may
10 devote a great deal of their leisure time to projects around the home.

　　(b)Many Americans who could afford household help or a driver or a
gardener do not employ them. They prefer family privacy, independence,
freedom from responsibility, all of which are at least partially lost when
one has help in one's home. Others would rather use their money for
15 travel, sports, or in some other way instead of paying high American
wages for domestic help. For the most part, household help has been
replaced by easily operated appliances, prepared or packaged foods,
perma-pressed fabrics, and other such labor-saving developments.

日常生活の中で何を
するのか

アメリカにおける
サービスとは

どういうことにお金
を使うのか

(注)　laundromat　コインランドリー　　a matter of cold cash　冷たい金銭の問題　　deference　敬意
　　　stigma　恥辱　　appliances　(家庭用)電気製品　　perma-pressed　アイロン不要の

重要語句　□ laundry　洗濯物　　□ in line　一列に　　□ grocery store　食料雑貨店
□ bank president　銀行の頭取　　□ corporate executive　会社の重役　　□ accomplishment　遂行
□ devote 時間 to ～　～に時間をあてる　　□ domestic　家事の　　□ fabric　生地, 織物
□ labor-saving　労力を省く

□ **1**　本文の内容に合うものをア〜エから２つ選びなさい。

　　ア　In the United States, rich people do not always employ others for household help.

　　イ　For Americans, leisure time is more important than money.

　　ウ　American lawyers and professors rarely carry their own bags themselves.

　　エ　Family privacy will be at least partially lost if one employs somebody for domestic

　　　help.　　　　　　　　　　　　　　　　　　　　　　　　　　　　（　　　）（　　　）

□ **2**　下線部(a)の意味に最も近いものをア〜オから１つ選びなさい。　　　　　（　　　）

　　ア　だれかわからないが　　イ　我々かもしれないが　　ウ　だれであろうと

　　エ　我々のうちでだれでもかまわないが　　オ　だれであるかによるが

□ **3**　下線部(b)を和訳しなさい。

　　..

□ **4**　次の単語の最も強く発音される位置を記号で選びなさい。

　　(1)　ex-ec-u-tive　（　　）　　　(2)　per-son-al-i-ty　（　　）
　　　　 ア イ ウ エ　　　　　　　　　　　 ア イ ウエオ

　　(3)　op-er-at-ed　（　　）　　　(4)　de-vel-op-ment　（　　）
　　　　 ア イ ウ エ　　　　　　　　　　 ア イ ウ エ

□ **5**　次の単語を指示に従って書きかえなさい。

　　(1)　independence（形容詞形）.........................　　(2)　prepare（名詞形）.........................

　　(3)　responsibility（形容詞形）.........................　　(4)　corporate（名詞形）.........................

📖 **重要構文**

① **have nothing to do with** 〜「〜と関係がない」

it has nothing to do with ⎧ deference
　　　　　　　　　　 ⎰,⎱ respect
　　　　　　　　　　 ⎰,⎱ position
　　　　　　　　　　 ⎰,⎱ race
　　　　　　　　　　 ⎰,⎱ nationality
　　　　　　　　　　 ⎰, or⎱ personality

「それは，敬意や尊敬や地位や人種や国籍や人格とはまったく関係がない」

② **would rather** 〜「むしろ〜したい（と思っている）」

Others would rather use their money ⎧ for travel
　　　　　　　　　　　　　　　 ⎰,⎱ (for) sports
　　　　　　　　　　　　　　　 ⎰, or⎱ in some other way

「またある人は，むしろ旅行やスポーツなどに，つまり，別の方法でお金を使いたいと思っている」

7 人間特有の能力とは？

語数	209語
目標	1分50秒

📎 POINTS

解答▶別冊P.6

人間が得意なことと，機械が得意なことはそれぞれ何だろうか。

Machines can learn from data and mimic some of the things that humans can do. (　1　) the past few years, we have made dramatic breakthroughs. In 2012, our company built a program that could read and evaluate high-school essays. The grades it gave matched those given

5 by human teachers. In 2014, our machine successfully learned to find a disease from pictures of the eye, like human eye doctors.

機械を開発している会社でどんなことに成功しただろうか

Now, given the right data, machines are going to (a)outperform humans at tasks like this. A teacher might read 10,000 essays over a 40-year career. A doctor might see 50,000 eyes. A machine can read millions of

10 essays or see millions of eyes within minutes. We have (　2　) chance of competing against machines on frequent, high-volume tasks.

人間と機械の能力を比較すると…

But machines can't handle things they haven't seen many times before. Humans (　3　). We have (b)the ability to connect seemingly unrelated matters to solve problems we've never seen before.

15 Percy Spencer was a scientist working on radar systems during World War II. When he noticed the magnetron was melting his chocolate bar, he was able to connect his understanding of electro-magnetic radiation with his knowledge of cooking. This led to the invention of the microwave oven. It is a particularly remarkable example of (　4　).

パーシー・スペンサーとはどんな人だろうか

(注) magnetron マグネトロン(電磁管)　electro-magnetic radiation 電磁放射線

重要語句 □ mimic まねる　□ breakthrough 飛躍的な進歩　□ evaluate 評価する
□ essay レポート　□ compete 競争する　□ high-volume 大量の　□ seemingly 一見すると
□ microwave oven 電子レンジ　□ particularly 特に　□ remarkable 素晴らしい

□ **1**　下線部（　1　）に入る前置詞として最も適切なものをア〜エから１つ選びなさい。

ア　Over　　　　イ　Onto　　　　ウ　From　　　　エ　Under　　　　　　　（　　　　）

□ **2**　下線部⒜に最も近い意味を表すものをア〜エから１つ選びなさい。　　　　（　　　　）

ア　deliver like humans　　　　　　イ　do better than humans

ウ　force humans out of work　　　　エ　mimic human jobs

□ **3**　（　2　）〜（　4　）に入る最も適切なものをア〜エから１つずつ選びなさい。

(2)　ア　a better　　イ　a good　　　　ウ　more　　　エ　no

(3)　ア　can　　　　イ　can't either　　ウ　neither　　エ　too

(4)　ア　artificial intelligence　　　　イ　creativity

　　　ウ　data learning　　　　　　　　エ　frequency

(2)（　　　　）　(3)（　　　　）　(4)（　　　　）

□ **4**　下線部⒝ the ability とはどんな能力か，35字以内の日本語で答えなさい。

- -

□ **5**　英文前半の内容に沿っていない文をア〜ウから１つ選びなさい。　　　　（　　　　）

ア　Machines can now do some of the things that teachers or doctors do.

イ　Machines can process much more data in much less time than humans.

ウ　Humans are highly capable of handling a large number of repeated tasks.

□ **6**　英文後半の内容に沿っていない文をア〜ウから１つ選びなさい。　　　　（　　　　）

ア　Machines can't solve problems without a large amount of past data.

イ　Machine learning was involved in the invention of the microwave oven.

ウ　Spencer connected his research to something not obviously related.

📖 **重要構文**

① 過去分詞の後置修飾

The grades it gave matched those <u>given</u> by human teachers.

「それ（機械）がつけた評価と人間の教師がつけた評価は一致した」

② 条件の分詞構文「〜するならば」

Now, <u>given</u> the right date, machines 〜

「現在では，適切なデータがあれば，機械は〜」

POINTS

解答▶別冊P.7

ディズニーのアニメには手袋をつけたキャラクターが多いが，どんな理由があるのだろうか。

Mickey, Minnie, Donald Duck, and other Disney characters all have one accessory in common — gloves. Although there are many surprising facts about Disney's most famous characters, putting gloves on them is actually a (1) idea.

ミッキーやミニーたちが共通して身に着けているものはなんだろうか

5 (a)The short answer as to why so many characters wear gloves is that animation is a labor-intensive process. It takes time to create the characters you know and love. Animators wanted to make their job a little (2) with a few techniques and tricks. One of the techniques was using curved lines instead of angles. This meant simplifying (3), such as hands, to 10 make the animation process quicker.

ディズニーキャラクターと手袋の関係はどのようなものだろうか

In the age of black and white animation, separating characters' rounded hands from their black bodies was difficult. To fix (b)this, white gloves were (4) to make their hands stand out. In fact, Walt Disney might have been the first to put gloves on characters. When animation moved to color, 15 Mickey and his pals kept their original white gloves.

Walt Disney said (c)that gloves kept animation simple and humanized the mouse. "We didn't want Mickey to have mouse hands because he was supposed to be more human," said Disney. "So we gave him gloves. However, five fingers (5) on a little mouse, so we took one away."

ミッキーに手袋をつけた理由は…

重要語句 □ in common 共通して　□ gloves 手袋　□ as to ～ ～について
□ labor-intensive 骨の折れる　□ process 過程　□ technique 技術　□ trick こつ
□ angle 角度　□ simplify 単純化する　□ age 時代　□ rounded 丸みを帯びた
□ fix 補正する　□ stand out 目立つ　□ pal 仲間　□ humanize 人間のようにする
□ be supposed to ～ ～のはずである

□ **1** （ 1 ）〜（ 5 ）に入る最も適切なものをア〜エから1つずつ選びなさい。

(1) ア　very terrible　　　　イ　pretty logical

　　ウ　really fashionable　エ　rather thoughtless

(2) ア　less interesting　　イ　easier and faster

　　ウ　more challenging　エ　slower and harder

(3) ア　actions　　　　　　イ　features

　　ウ　characters　　　　エ　accessories

(4) ア　the best way　　　イ　drawn in pairs

　　ウ　rarely animated　エ　a colorful addition

(5) ア　were perfect　　　イ　looked natural

　　ウ　meant less drawing　エ　seemed like too many

(1) (　　　) (2) (　　　) (3) (　　　) (4) (　　　) (5) (　　　)

□ **2**　下線部(a)を和訳しなさい。

□ **3**　下線部(b)の内容を日本語で説明しなさい。

□ **4**　下線部(c)の that とほぼ同じ意味で使われているものをア〜エから1つ選びなさい。

(　　　)

ア　There is a possibility that Japan's population decline much faster than expected.

イ　I told my teammates that we should take a rest once in a while.

ウ　I'm thinking about buying a car that is twenty years old.

エ　It was Mr. Gardner that called the police early in the morning.

📖 **重要構文**

① **might＋have＋過去分詞**「〜だったかもしれない」
Walt Disney might have been the first to put gloves on characters.
「キャラクターに手袋をはめたのは，ウォルト・ディズニーが最初だったかもしれない」

② **say that S＋V**「〜だと言う」
Walt Disney said that gloves kept animation simple and humanized the mouse.
「ウォルト・ディズニーは，手袋はアニメーションをシンプルにし，ネズミを人間らしくするものだと言っていた」

⑨ 身体障害者への機械的・電気的補助

語数	212語
目標	2分00秒

 POINTS

解答▶別冊P.7

機械，電気はどのように身体障害者の役に立っているのだろうか。

Many disabled people need help to overcome major difficulties that they face in everyday life. One of (a)these is difficulty with reaching up high. Some manage with little problem. (1) need help. Recently, many mechanical and electronic aids are being (b)used to help disabled people
5 overcome their handicaps. Very small computers called microcomputers have been used for many years to control machinery in factories. Machines using this technology are now being made to help disabled people lead more normal lives.

機械による補助にはどのようなものがあるか

Handicapped people often have trouble (2) about, both inside
10 and outside their homes. (c)While most cars can be adapted for use by partially-disabled drivers, automatic transmissions are easier for them to drive. Wheelchairs have made (d)it relatively easy for many disabled people to travel short distances, but the more severely handicapped may need a special wheelchair that is power assisted. (e)Lacking the strength
15 to operate a normal wheelchair, they use special ones that can be operated by a single lever controlled by a finger, the movement of a toe, or even by breath. Powered wheelchairs can sometimes be folded up and carried in vehicles, but they are larger than hand-operated (f)ones. So, some vehicles have been especially fitted with lifts that (3) roll directly inside while
20 still in their wheelchairs.

障害者はどのような方法で移動するのか

重要語句 □ disabled 身体障害のある □ manage どうにかやっていく □ aid 補助(器具)
□ control 制御する，操作する □ factory 工場 □ technology 科学技術，工業技術 □ lead 過ごす
□ adapt A for B AをBに適合させる □ automatic transmission (車の)自動変速装置
□ relatively 比較的に，割合に □ severely ひどく □ power 電力，動力 □ assist 補助する
□ strength 力 □ operate 運転する，操作する □ fold up きちんと折りたたむ □ vehicle 車

□ **1** 下線部(a) these と, (f) ones は何を指すか, それぞれ本文中の１語で答えなさい。

(a) these .... (f) ones ....

□ **2** （ 1 ）～（ 3 ）に入る最も適切なものをア～エから１つずつ選びなさい。

(1) ア Another イ The other ウ They エ Others

(2) ア move イ to move ウ moving エ moved

(3) ア allow people to イ to people allow ウ people to allow
エ to allow people

(1) (　　　) (2) (　　　) (3) (　　　)

□ **3** (1) 下線部(b) used とほぼ同じ意味で使われているものをア～エから１つ選びなさい。

ア The master <u>used</u> the servants cruelly.

イ Our teacher <u>used</u> to give us a lot of assignments.

ウ My family lives in the country and is not <u>used</u> to visitors.

エ Purple ink was <u>used</u> to write this letter. (　　　)

(2) 下線部(c)の内容として最も適切なものをア～エから１つ選びなさい。

ア ほとんどの自動車は多少の障害を持ったドライバーでも運転できるように改造することが可能であるが,

イ ほとんどの自動車は多少の障害を持ったドライバーでも運転できるようになる一方,

ウ ほとんどの自動車は多少の障害を持ったドライバーによって使えるにもかかわらず,

エ ほとんどの自動車は多少の障害を持ったドライバー用に改善可能な間に, (　　　)

□ **4** 下線部(d) it は何を指すか, 15字以内の日本語で答えなさい。

....

□ **5** 下線部(e)とほぼ同じ内容になるように（　　　）に１語を入れなさい。

Because they are not strong （　　　　　） to operate a normal wheelchair

□ **6** 次の単語を指示に従って書きかえなさい。

(1) distance（形容詞形）........................ (2) adapt（名詞形）........................

📖 **重要構文**

① **help**＋人＋（**to**）動詞の原形「人が～するのを手伝う, ～するのに役に立つ」
<u>help</u> disabled people <u>overcome</u> their handicaps
「身体障害者がハンディキャップを乗り越えるのに役立つ」

② **make it easy for**＋人＋**to** ～「人が to 以下のことをするのを容易にする」
<u>make</u> <u>it</u> relatively easy <u>for</u> many disabled people <u>to</u> ～
「多くの身体障害者が to 以下のことをするのを比較的やさしくする」

⑩ ベンツが速度制限法を撤回させた方法

語数	207語
目標	1分50秒

 POINTS

解答▶別冊P.8

ベンツが道路速度法を改正するために取った秘策はどのようなものだったのか。

In 1886, Karl Benz drove his first automobile through the street of Munich, Germany. The car was the forerunner of today's Mercedes Benz.

The machine (1) the citizens, because it was noisy and scared the children and horses. Pressured by the citizens, the local officials
5 immediately established a speed limit for "horseless carriage" of three and a half miles an hour in the city limits and seven miles an hour outside.

初めて道路を車が走ったときの庶民の反応は…

Benz knew he could never develop a market for his car and compete against horses if he had to creep along at those speeds, so he invited the mayor of the town for a ride. The mayor accepted. Benz then arranged
10 (2) a milkman to park his horse and wagon on a certain street and, as Benz and the mayor drove by, to whip up his old horse and pass them — and (a)as he did so to jeer at them.

どんな方法で市長を納得させたか

The plan worked. The mayor was furious and demanded that Benz overtake the milkwagon. Benz apologized but said that because of the
15 ridiculous speed law he was not permitted to go any faster. Very soon after that the law was changed.

市長は自分の乗っている車が抜かれて，どのような態度を取ったか

Benz proved that the art of diplomacy is (b)getting people to see things your way.

（注）Munich　ミュンヘン（ドイツの都市）　　jeer　からかう，あざける

重要語句 □ forerunner　前身，先駆け　□ scare　怖がらせる　□ local official　地元の役人
□ establish　制定する　□ compete against ～　～と競う　□ creep　這う　□ invite　誘う
□ whip up　鞭打ってせきたてる　□ furious　怒り狂った　□ demand　要求する　□ apologize　謝る
□ ridiculous　馬鹿げた　□ permit　許可する　□ prove　証明する
□ diplomacy　外交，外交手腕，外交技術

□ **1** (1) （ 1 ）に入る動詞として最も適切なものをア～エから１つ選びなさい。

ア delighted イ angered ウ profited エ amazed （   ）

(2) （ 2 ）に入る前置詞として最も適切なものをア～エから１つ選びなさい。

ア on イ to ウ at エ for （   ）

□ **2** (1) 下線部(a)の省略されていない形として最も適切なものをア～エから１つ選びなさい。

ア as he parked his milkwagon, イ as he whipped up his old horse,

ウ as he passed them, エ as was his habit, （   ）

(2) 下線部(b)を言いかえたものとして最も適切なものをア～エから１つ選びなさい。

ア letting people know you can get things wherever you go

イ having people share your point of view

ウ asking people to consider you as their boss

エ helping people drive as watchfully as you do （   ）

□ **3** 次の英文を読み，最も適切なものをア～エから１つ選びなさい。

Only thirty miles south of Munich there rise the Alps. Suppose Mr. Benz in his first model leaves the city limits at seven in the morning and keeps driving at the prescribed speed, when will he reach the edge of the Alps?

ア Between ten and eleven. イ Between eleven and noon.

ウ Between three and four. エ Between four and five. （   ）

□ **4** メルセデス・ベンツの先駆けとなった最初のベンツは，当時どう呼ばれていたか。６字以内の日本語で書きなさい。 ....

□ **5** 次の単語を指示に従って書きかえなさい。

(1) furious（名詞形）........................ (2) establish（名詞形）........................

(3) compete（名詞形）........................ (4) invite（名詞形）........................

(5) arrange（名詞形）........................ (6) diplomacy（形容詞形）........................

📖 **重要構文**

① 主語＋助動詞の過去形 ～ **if**＋主語＋動詞の過去形 ... 「もし…なら，～だろう」(仮定法過去)

he <u>could never</u> { develop a market for his car
          $\boxed{\text{and}}$ { compete against horses

<u>if he had to</u> creep along at those speeds

「もし彼がそのスピードに従って道路をゆっくり進まなければならないなら，車の市場を開発できないし，馬と競い合うことができないだろう」

② **get**＋人＋**to** ～ 「人に～させる」

<u>get</u>ting people <u>to see</u> things your way 「人々にあなたのやり方で物事をわからせること」

🖉 POINTS

2つのアパートの特徴はそれぞれ何だろうか。

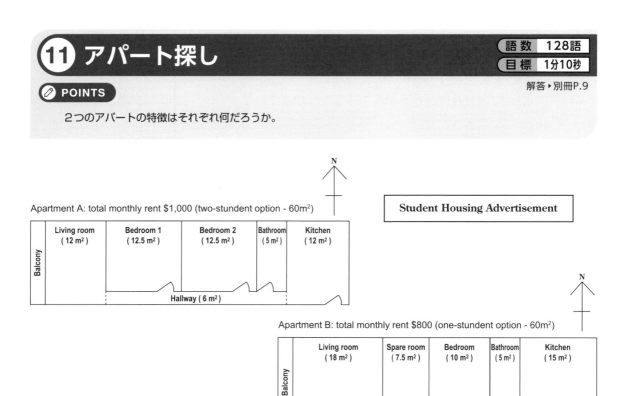

Apartment A: total monthly rent $1,000 (two-stundent option - 60m²)

| Balcony | Living room (12 m²) | Bedroom 1 (12.5 m²) | Bedroom 2 (12.5 m²) | Bathroom (5 m²) | Kitchen (12 m²) |

Hallway (6 m²)

Student Housing Advertisement

Apartment B: total monthly rent $800 (one-stundent option - 60m²)

| Balcony | Living room (18 m²) | Spare room (7.5 m²) | Bedroom (10 m²) | Bathroom (5 m²) | Kitchen (15 m²) |

Hallway (4.5 m²)

— 上記の図面は架空のものです —

    Advantage Apartments Company in downtown Sydney, Australia, is now offering two new designs to (a)meet your student housing needs! (b)Of our two options, Apartment A is best for two students on a tight budget. Though it has the same total measurements as Apartment B, your half of the rent will only be (　1　) per month by sharing with a roommate. Also, you

5　will each get your own large (　2　). (c)In comparison, Apartment B features (　3　) more square meters of cooking space, which is (d)perfect for the student who wants to host guests and have a separate room for studying or storage. No matter which apartment you choose, both apartments have (　4　)-facing balconies to enjoy the spectacular view of downtown Sydney. Come in and see your dream apartment today!

重要語句 □ offer 提供する　□ option 選択肢　□ tight 逼迫した　□ budget 予算
□ though ～にもかかわらず　□ total 合計の　□ measurement 広さ　□ rent 家賃
□ share 共有する　□ feature 特徴になっている　□ square meter 平方メートル
□ separate 別々の　□ balcony バルコニー　□ spectacular 壮大な

□ **1** （ 1 ）～（ 4 ）に入る最も適切なものをア～エから１つずつ選びなさい。

(1) ア ＄400 イ ＄500 ウ ＄800 エ ＄1,000

(2) ア kitchen イ bathroom ウ bedroom エ living room

(3) ア three イ six ウ 12 エ 15

(4) ア north イ south ウ east エ west

(1)（ ） (2)（ ） (3)（ ） (4)（ ）

□ **2** 下線部(a), (d)の意味に最も近いものをア～オから１つずつ選びなさい。

(a) ア see イ attract ウ satisfy エ match オ submit

(d) ア appropriate イ serious ウ loyal エ eager オ confident

(a)（ ） (d)（ ）

□ **3** 下線部(b)を和訳しなさい。

□ **4** 下線部(c)の意味に最も近いものをア～エから１つ選びなさい。

ア そのうえ イ しかしながら ウ 比較して エ 依然として （ ）

□ **5** 次の単語を指示に従って書きかえなさい。

(1) comparison（動詞形） --------------------------------

(2) storage（動詞形） --------------------------------

(3) choose（名詞形） --------------------------------

(4) same（反意語） --------------------------------

(5) advantage（反意語） --------------------------------

📖 ［重要構文］

① **Though** ～ 「～にもかかわらず」
Though it has the same total measurements as Apartment B, your half of the rent will only be ～
「それはアパートBと同じ広さにもかかわらず，家賃の半分は～」

② **No matter which** ～ 「どちらを～だろうとも」
No matter which apartment you choose, both apartments ～
「どちらのアパートを選んだとしても，両方のアパートには～」

📎 **POINTS**

ノーベル賞はどうやって誕生したのだろうか。

Each year in October, the world's attention turns to Sweden for the announcement of the Nobel Prize winners. The Nobel Prizes, six prizes given to groups or individuals who really stand out in their fields, were founded by a Swedish inventor, Alfred Nobel.

5 (a)<u>Alfred Nobel was the man who invented dynamite, a powerful explosive.</u> During his life, Nobel made a lot of money from his invention, and he decided that he wanted to use his money to help scientists, artists, and people who worked to help others around the world. When he died, his will said that the money would be placed in a bank, and the interest the money earned would be given out as five annual cash prizes.

The prizes set up by Nobel were first handed out in 1901, and include physics, medicine,
10 chemistry, literature, and peace. (b)<u>Later, in 1968 the Bank of Sweden added a prize in economics to celebrate the bank's 300th year of business.</u>

Each person who receives a Nobel Prize is given a cash prize, a medal, and certificate. The prize money for each category is currently worth about a million dollars, and the aim of the prize is to allow the winner to carry on working or researching without having to worry
15 about raising money.

The prizes can be given to either individuals or groups. Prize winners include Albert Einstein (physics, 1921), Kenzaburo Oe (literature, 1994), Kim Dae Jung (peace, 2000), the United Nations (peace, 2001), and Nelson Mandela (peace, 1993).

The prize winner that has won the most times is the International Committee of the Red
20 Cross. (c)<u>This organization</u> has received three Nobel Peace Prizes (in 1917, 1944, and 1963), and the founder, Jean Henri Dunant, was awarded the first Nobel Peace Prize, in 1901.

(注) explosive 爆発物　will 遺言状　interest 利子

重要語句 □ announcement 発表　□ found 創設する　□ inventor 発明者
□ dynamite ダイナマイト　□ invention 発明　□ earn （利子などを）生む　□ annual 年１回の
□ cash prize 賞金　□ physics 物理学　□ medicine 生理学・医学　□ chemistry 化学
□ literature 文学　□ economics 経済学　□ certificate 証明書　□ aim 目的
□ raise （金を）調達する　□ the United Nations 国際連合
□ the International Committee of the Red Cross 赤十字国際委員会　□ founder 創設者
□ award （賞を）授与する

□ **1** 本文の内容に合うものをア～クから５つ選びなさい。

ア The Nobel Prizes are given to people around the world who worked with Alfred Nobel.

イ Alfred Nobel was an inventor and set up the Nobel Prizes.

ウ In 1901, six Nobel Prizes were first handed out.

エ A prize in economics was later added.

オ Nobel Prize winners are given three things that include money.

カ Kim Dae Jung, Kenzaburo Oe, and Nelson Mandela are all peace prize winners.

キ The International Committee of the Red Cross was founded by Jean Henri Dunant.

ク Jean Henri Dunant was one of the first Nobel Prize winners in 1901.

(　　　)(　　　)(　　　)(　　　)(　　　)

□ **2** 下線部(a)を和訳しなさい。

□ **3** 下線部(b)を和訳しなさい。

□ **4** 賞金の目的は何か，簡潔な日本語で答えなさい。

□ **5** 下線部(c)は何を指すか，英語で書きなさい。

□ **6** 次の単語を指示に従って書きかえなさい。

(1) announcement（動詞形）............................　　(2) found（名詞形）............................

(3) explosive（動詞形）............................　　(4) add（名詞形）............................

📖 **重要構文**

① **be**＋過去分詞＋目的語（４文型の受動態）

Each person ～ is given a cash prize, a medal, and certificate.

「それぞれの人は，賞金，メダル，そして証明書が与えられる」

② **allow**＋人＋**to**～「人が～するのを許す」

to <u>allow</u> the winner <u>to</u> carry on working or researching

「受賞者が仕事や研究を継続できるようにするために」

語数 252語
目標 2分10秒

POINTS

解答▶別冊P.11

現代人は食物繊維の摂取量が不足している。食物繊維の重要性と摂取量を増やす工夫を見てみよう。

Health experts suggest that many of us need to (a)cut down on sugary food and eat more fiber. Fiber is generally found in seeds or other parts of fruit, vegetables, or nuts that we take in as part of our everyday diet. It (1) food to pass smoothly and quickly through our body. Research shows that eating plenty of fiber is associated (2) a lower risk of
5 being affected by serious illness.

According to (b)the UK's National Health Service, most adults need 30 grams of fiber a day as part of a healthy diet. Children under the age of 16 may not need as much fiber in their diet as older teenagers and adults, though they do need much more than they are consuming. On average, teenagers only get about 15 grams or less of fiber a day. (c)Adults
10 only consume an average of about 18 grams a day instead of the recommended 30 grams, so they need to find a means of increasing their daily amount of fiber.

The National Health Service's website has some recommendations for increasing the fiber in our diet. For breakfast, (d)it suggests that we have some oatmeal because oats are good (3) of fiber. For lunch or dinner, it suggests people have some whole wheat pasta or
15 brown rice. (4) a slice of cake or some ice cream for dessert it recommends some fresh fruit or some nuts instead. (5), it concludes, having more fiber in our diet is better for our health.

重要語句 □ expert 専門家　□ sugary 砂糖の多い　□ fiber （食物）繊維　□ smoothly スムーズに
□ plenty of ~ 十分な~　□ affect 影響する　□ consume 摂取する　□ average 平均
□ recommend 薦める　□ means 手段
□ oatmeal オートミール(エンバクを脱穀して調理しやすくしたもの)　□ wheat 小麦
□ conclude 結論づける

□ **1** （ 1 ）～（ 5 ）に入る最も適切なものをア〜エから１つずつ選びなさい。

(1) ア lets　　　　イ makes　　　ウ allows　　エ puts
(2) ア by　　　　 イ with　　　　ウ in　　　　エ to
(3) ア source　　 イ portion　　 ウ origin　　エ content
(4) ア Opposite to　　　　　　 イ In place of
　　 ウ As well as　　　　　　 エ Along with
(5) ア As a result　　　　　　 イ Otherwise
　　 ウ Especially　　　　　　 エ After all

(1) (　　　　) (2) (　　　　) (3) (　　　　) (4) (　　　　) (5) (　　　　)

□ **2** 下線部(a)に最も近い意味を表すものをア〜エから１つ選びなさい。　　(　　　　)

ア consume　　 イ increase　　ウ reduce　　エ simplify

□ **3** 下線部(b)が述べている内容に合うものをア〜エから１つ選びなさい。　　(　　　　)

ア All the teenagers should get the same amount of fiber as adults.
イ Too much fiber can do harm on young children.
ウ Children under the age of 16 should get more fiber than they consume.
エ High-teenagers and adults seem to get plenty of fiber.

□ **4** 下線部(c)を和訳しなさい。

....

□ **5** 下線部(d)が指すものを５語の英語で抜き出しなさい。 ....

□ **6** 次の単語を指示に従って書きかえなさい。

(1) suggest（名詞形） .... (2) generally（形容詞形） ....

📖 **重要構文**

① **not as ～ as**... 「…ほど～ではない」
Children under the age of 16 may <u>not</u> need <u>as</u> much fiber in their diet <u>as</u> older teenagers and adults
「16歳以下の子どもは，10代後半の子どもや大人ほど食物繊維を必要としないかもしれない」

② 強調の **do**＋動詞の原形 「本当に，ぜひ，確実に～だ」
they <u>do need</u> much more than they are consuming
「彼らは摂取している量よりもはるかに多くの食物繊維を確実に摂らなければならない」

⑭ ファーストフードレストランの均一性

解答▶別冊P.12

POINTS

食べ物の規格化は何をもたらすのだろうか。

No matter where fast food restaurants are located or what type of food they sell, their most fundamental operating principle is standardization. A hamburger from a Burger King in New York must taste the same as a hamburger from a Burger King in Florida, or in Japan, Argentina, or Turkey. To succeed with this formula of selling the exact same food
5 everywhere, fast food restaurants must offer a standardized menu that limits the number of food (a)choices.

A small selection of items on a menu makes preparing fast food convenient for the hundreds or thousands of restaurants that are part of a particular company, because they need only a limited variety of ingredients, though in huge quantities. The limited variety
10 makes it possible to secure adequate shipments of those ingredients from suppliers and thereby ensure quality control of the meals served to customers.

Anyone who has eaten at a fast food restaurant can appreciate the convenience of standardization. If the only options are what type of pizza to order, whether or not to have pickles on a hamburger, or how many pieces of fried chicken to eat, then a decision is
15 relatively easy. For some people, it is comforting when there aren't very many choices and they know in advance what they will be eating and how it will taste. (　1　) some people dislike fast food for its predictability, (b)it can be reassuring to a hungry person in a hurry or far from home.

This predictability is (c)essential for a successful fast food company. If customers have an
20 enjoyable meal at one restaurant, they will probably be willing to go to any other restaurant of the same company. This type of repeat sales, which is crucial for a business over the long term, requires that the same quality food and service be offered in all the restaurants that are part of a chain.

(注) ingredient 料理の材料　predictability 前もって予想できること　reassuring 安心を与える

重要語句 □ fundamental 基本的な　□ operating principle 経営原則　□ standardization 画一化
□ formula 方式　□ secure 確保する　□ adequate 適切な　□ shipment 出荷
□ supplier 供給者　□ thereby 従って　□ ensure 確実にする　□ appreciate 認識する
□ convenience 便利さ　□ comforting 安心を与える　□ essential 必要不可欠な
□ crucial 非常に重要な　□ chain チェーン

□ **1** 本文の内容に合うものをア〜エから1つ選びなさい。

ア 世界各国のバーガーキングのハンバーガーは，それぞれの国の人々の味覚に合わせて調理しているので味が違う。

イ ほとんどの人は，あらかじめ味が予想できるハンバーガーは便利だと思っている。

ウ メニューの選択肢が少ないほど，チェーン店にとっては準備が楽であるが，売り上げは少なくなる。

エ ファーストフードチェーン店では，メニューの品目を減らすことで食材を適切に入荷し，品質管理を確かなものにしている。 (   )

□ **2** 下線部(a) choices, (c) essential に最も近い意味を表す語を，本文から1つずつ抜き出しなさい。

(a) choices _____   (c) essential _____

□ **3** 下線部(b)を it の内容を明らかにして和訳しなさい。

_____

_____

□ **4** (1)に入る最も適切なものをア〜エから1つ選びなさい。 (   )

ア As   イ If   ウ Although   エ Then

□ **5** 次の単語を指示に従って書きかえなさい。

(1) choice（動詞形） _____   (2) adequate（反意語） _____

(3) appreciate（名詞形） _____   (4) decision（動詞形） _____

📖 **重要構文**

require that ＋主語＋(should)＋動詞の原形

This type of repeat sales, 〜, <u>requires that</u> the same quality food and service <u>(should)</u> be offered in all the restaurants that are part of a chain.

「この種のリピートセールス（繰り返し販売すること）は，〜すべてのレストランチェーンで同じ品質の食べ物とサービスが提供される必要がある」

※次の動詞の後の that 節内は should の省略が可能

提案 suggest，主張 insist，要求 request / require / demand，命令 order，推薦 recommend

POINTS

生まれ変わるとはどういうことか。また，どうすれば生まれ変わることができるのか。

　　How many people can you meet in one lifetime? How many experiences can you have?
The answer to these questions (a)varies from person to person. Generally speaking, though,
most of us are destined to have far fewer encounters with people than we would like, and not
nearly as many experiences. (1), life is short, and opportunities are limited.

5　　But one of the most important things in life is to meet as many new and fascinating people
as we can, and to experience as many different things as possible. (b)This helps us to gain
a better understanding of human nature, gives us better insights into life, and allows us to
evaluate things from various angles.

　　So how, despite (c)limitations, can we meet new people and gain new experiences? One
10 answer is to read as many books from various genres as possible, and to travel to as many
different places as time and budget allow. (d)Reading a good book is like getting to know a
lot of new people. A good book makes you aware of new and different ideas, introduces you
to alternative opinions and ways of thinking, and expands your knowledge of the world. The
same goes for travel. Travel opens you up to new cultures and ways of living, enabling you to
15 broaden your perspectives on life and society.

　　So whenever you can, pick up a good book, or book yourself a flight to somewhere exotic
and exciting. You'll be a new person yourself.

（注）evaluate　評価する　　alternative　代わりとなる

重要語句　□ lifetime　一生　　□ vary　異なる　　□ destine　〜する運命にさせる
□ encounter　出会い　　□ opportunity　機会　　□ limit　制限する　　□ fascinating　魅力的な
□ gain　得る　　□ insight　見識　　□ allow　許す　　□ various　様々な　　□ angle　角度
□ despite　〜にもかかわらず　　□ limitation　制限　　□ genre　分野　　□ budget　予算
□ aware　気がついている　　□ broaden　広げる　　□ perspective　視野

□ **1** 下線部(a)の意味に最も近いものをア〜エから１つ選びなさい。　　　　　(　)

ア　人から人へ伝わる　　　イ　よくわからない

ウ　人により異なる　　　　エ　いろいろな人に聞いてみるのもおもしろい

□ **2** （ 　1 ）に入る最も適切なものをア〜エから１つ選びなさい。　　　　　(　)

ア　However　　イ　After all　　ウ　Therefore　　エ　Moreover

□ **3** 下線部(b)の内容として最も適切なものをア〜エから１つ選びなさい。　　　(　)

ア　人生において，私たちが望むほど多くの人々に出会うことができないこと

イ　人生は短く，様々な経験を積もうと思っても時間がないこと

ウ　人生における最も重要なことの１つを，私たちがおろそかにすること

エ　できるだけ多くの新しい魅力的な人々に出会い，できるだけ多様な経験をすること

□ **4** 下線部(c)に最も近い意味を表すものをア〜エから１つ選びなさい。　　　　(　)

ア　the most important things in life　　イ　as many different things as possible

ウ　life is short, and opportunities are limited　　エ　things from various angles

□ **5** 下線部(d)の内容として最も適切なものをア〜エから１つ選びなさい。　　　(　)

ア　A lot of people like reading new books.

イ　It is pleasant to read a good book with a lot of people.

ウ　It is important to absorb knowledge from the book, but it isn't easy.

エ　We can get a lot of useful information from a good book.

□ **6** 次の単語を指示に従って書きかえなさい。

(1)　fascinate（名詞形）................................　　(2)　evaluate（名詞形）................................

(3)　aware（名詞形）................................　　(4)　alternative（動詞形）................................

📖 **重要構文**

① **as 〜 as one can〔possible〕**「できるだけ〜」
to meet <u>as</u> many new and fascinating people <u>as</u> we can
「できるだけ多くの新しい魅力的な人々に会うこと」

② **enable**＋目的語＋**to** 不定詞「〜に…することを可能にさせる」
, <u>enabling</u> you <u>to</u> broaden your perspectives on life and society
「人生と社会に対する視野を広げることができる」

⑯ 電話での車の整備のやりとり

語数	245語
目標	2分00秒

解答▶別冊P.14

POINTS

顧客との間にどういう問題が起こり，会社はどのように対処しているのだろうか。

Ann : Mark, I just talked with Tom Knowles and he's dissatisfied about the service that was done on his car and he said he's not going to pay this thirty-eight dollars and forty cents that was charged to his account. So (a)he would like us to contact him over the phone.

5 Mark : Okay ... I'll handle this, thanks. (Mark dials the phone) Hello, Mr. Knowles? This is Mark in Customer Relations at the Chicago Department Store. I understand you have a problem with the Tire Center. Okay, can you hold on a moment, please, Mr. Knowles? Thank you. (Mark calls his boss, Mr. Cable) George, I have Mr. Knowles on the line. He is unhappy with the Tire Center's

10 work done on his car and he's refusing to pay the bill.

George : What ...? Exactly what kind of job did he ask for?

Mark : It was wheel balancing, but he said the car still rides really rough.

George : Tell you what, no problem. Let's tell him that we'll go ahead and remove the charge from his account temporarily until we can get the matter resolved. Then

15 tell him that we very much want to resolve this to his satisfaction, but the only way we can do that is to have him bring the car back in to the Tire Center and have them take a look at it. That way, hopefully, they can find the problem. Got it?

Mark : Yeah. Hello, Mr. Knowles? Thank you for waiting. How does this sound to you ...?

（注）Customer Relations お客様係　wheel balancing タイヤのバランスをとること
rough 仕上げをしていない，未加工の

重要語句 □ service 業務，奉仕，世話など(→ここでは「修理」) □ charge 請求する
□ account 請求書，勘定 □ contact 連絡をとる □ handle 対処する，処理する
□ refuse 拒否する □ bill 支払い，請求書 □ ride 〜 乗り心地が〜である □ tell you what じゃあ
□ remove 取り下げる □ temporarily 一時的に，しばらく □ resolve 解決する
□ that way そうすれば □ get it わかる

□ **1** 本文の内容に合わないものをア～エから１つ選びなさい。 （   　　）

ア Tom's problem is that he is unhappy with the service.

イ Mark and his boss are talking about a customer's complaint.

ウ Mr. Knowles is dissatisfied that his car has a flat tire.

エ George wants Tom to return to the Tire Center in order to solve Tom's problem.

□ **2** 次の質問に対する最も適切な答えをア～ウから１つずつ選びなさい。

(1) Who does Ann seem to be?

　ア A person dissatisfied with Tom's work.

　イ A secretary at Tom's company.

　ウ A worker at the department store. （   　　）

(2) What is the relationship of Mark to Tom?

　ア A fellow worker in the same office.

　イ An employee of the store and a customer.

　ウ A customer and his client. （   　　）

(3) What is the general attitude of Mr. Cable?

　ア He seems unable to help Mr. Knowles.

　イ He wants to satisfy the customer.

　ウ He believes the customer is wrong. （   　　）

□ **3** 下線部(a)を和訳しなさい。

....

□ **4** 次の単語を指示に従って書きかえなさい。

(1) service（動詞形）...............................

(2) satisfaction（動詞形）...............................

(3) resolve（名詞形）...............................

(4) refuse（反意語）...............................

📖 **重要構文**

① **get**＋物＋過去分詞「物が～される」

until we can <u>get the matter resolved</u>

「その問題が解決されるまで」

② **have**＋人＋動詞の原形「人に～してもらう，人に～させる」

to {<u>have him bring</u> the car back in to the Tire Center

[and] {<u>have them take</u> a look at it

「彼にタイヤセンターまで車を戻してもらって，彼ら〔修理工〕にそれを調べさせること」

解答▶別冊P.15

POINTS

我々，人間が持っている言語以外の伝達手段には，どのようなものがあるのだろうか。

Human beings learn to communicate with each other through (a)nonlinguistic means as well as linguistic ones. All of us are familiar with saying, "It wasn't what he said; it was (b)the way that he said it" when, by using the word （ 1 ）, we mean something about the particular voice quality that was in evidence, or the set of a shoulder, or the obvious tension

5 in certain muscles. (c)A message may even be contradicted by the accompanying tone and gestures, so that each of "I'm ready," "You're beautiful," and "I don't know where he is" can mean the opposite of any literal interpretation.

Often we experience difficulty in pinpointing exactly （ 2 ） in the communication causes the change of meaning, and any statement we make as to the source of the (d)discrepancy

10 between the literal meaning of the words and the total message communicated is likely to be expressed in extremely impressionistic terms. It is likely to refer to something like a sparkle in a person's eye, or a "threatening" gesture, or an "insulting" manner.

We are likely to make similar (e)impressionistic statements about communication between members of different cultures. Sometimes we remark that Frenchmen "talk with their

15 hands", Japanese "smile" on inappropriate occasions, and American Indians are "stone-faced." As a result, （ 3 ） who come from other linguistic and cultural backgrounds on the basis of impressions about their language, gestures, customary movements, and uses of space.

(注) set 姿勢，格好　　stone-faced 石のような顔をした

重要語句 □ particular 特別な　□ voice quality 声の質　□ in evidence はっきり見えて，目立って
□ obvious 明らかな　□ tension 緊張　□ contradict 否定する，矛盾する　□ accompany 伴う
□ literal 文字通りの　□ interpretation 解釈　□ pinpoint 指摘する　□ statement 言葉
□ source 原因，根源，水源　□ discrepancy 食い違い，矛盾，相違，不一致
□ impressionistic 印象に基づく，感じだけに頼った　□ term 言葉　□ refer to 言及する，引用する
□ sparkle 輝き　□ threatening 威嚇的な　□ insulting 侮辱的な　□ remark 言う
□ inappropriate 不適当な　□ occasion 場合　□ on the basis of ～ ～に基づいて

□ 1 (1) 下線部(a)の内容として最も適切なものをア～オから１つ選びなさい。

ア the set of a shoulder　イ total message　ウ cultural background

エ literal interpretation　オ impressionistic statements　　　　　（　　　）

(2) 下線部(b)の内容と反対の意味を表すものをア～オから１つ選びなさい。

ア the source of the discrepancy　イ the literal meaning of the words

ウ tone and gesture　　　　　　エ impressionistic term

オ the change of meaning　　　　　　　　　　　　　　　　　　（　　　）

□ 2 （　1　）（　2　）に入る最も適切なものをア～オから１つずつ選びなさい。

(1) ア way　イ saying　ウ linguistic　エ something　オ said

(2) ア how　イ when　ウ where　エ which　オ what

(1)（　　　）(2)（　　　）

□ 3 下線部(d)と最も近い意味，下線部(e)の具体的内容を表すものをア～オから１つずつ選びなさい。

(d) ア difficulty　イ gap　ウ quality　エ similarity　オ tendency

(e) ア I'm ready.　イ It wasn't what he said.　ウ You're beautiful.

エ I don't know where he is.　オ Frenchmen talk with their hands.

(d)（　　　）(e)（　　　）

□ 4 下線部(c)を和訳しなさい。

....

□ 5 （　3　）には (stereotype / people / tend / we / to) の５つの語が入る。正しく並べかえなさい。

....

□ 6 次の語と同じ第１強勢の(最も強く発音される)母音をもつ語をア～エから１つ選びなさい。

inappropriate　ア approximate　イ program　ウ project　エ improve

（　　　）

□ 7 次の単語を指示に従って書きかえなさい。

(1) interpretation （動詞形） ....　(2) customary （名詞形） ....

(3) contradict （名詞形） ....　(4) statement （動詞形） ....

(5) impression （形容詞形） ....　(6) quality （反意語） ....

📖 　重要構文

A as well as B「Bと同様にA，Bと同じA」＝not only B but（also）A

　　through nonlinguistic means <u>as well as</u> linguistic ones

　　「言語手段と同様に非言語手段を通して」

📝 POINTS

解答▶別冊P.16

特に日本の入試制度の欠陥はどういう点か読み取ってみよう。

There was considerable concern about Japanese education and trends among youth. Most Japanese were naturally proud of the excellent achievements of the educational system. Practically all young people completed the twelve years of education leading through high school and studied extremely hard during this whole period, usually driven by heavy
5　homework and the desire to pass the examinations for entrance into the best schools at the next level. They showed the results of these efforts by ranking usually first or near the top among the advanced nations in such measurable fields as mathematics and science. In contrast, American students usually (a)came near the bottom.

　The Japanese, however, recognized that their educational system also had its
10　shortcomings. Students were better prepared for taking examinations than thinking for themselves. They were excellent at memory work but not at creative intellectual activities and self-expression. Their minds were stuffed with the same facts, attitudes, and opinions, (b)making them even more homogeneous than they already were and less fitted for the international role history was forcing on the country. The examination cram schools that
15　most of them attended usually worsened the situation. In some fields, such as foreign languages, (c)Japanese performed very poorly, handicapped by a rigid, out-of-date system of instruction focused on learning how to pass examinations rather than on the speaking of English. School was an unhappy experience for many Japanese children, (d)subjecting them to painful psychological pressures and tending to discourage them from acting voluntarily
20　and differently.

（注）examination cram school　進学塾

重要語句 □ concern 関心, 懸念　□ achievement 成果　□ through 終わりまで
□ drive 駆り立てる　□ advanced nation 先進国　□ measurable 測定可能な
□ in contrast 対照的に　□ shortcoming 欠点　□ intellectual 知的な　□ stuff ぎっしり詰める
□ homogeneous 均質の　□ force on ～ ～に押し付ける　□ rigid 柔軟性のない
□ out-of-date 時代遅れの　□ subject A to B　AをBにさらす　□ psychological 心理的な
□ discourage A from ～ing　Aに～する気をなくさせる

● ご住所 □□□ - □□□□

　　　　　　　　　　　　　　　TEL（　　　　　　　）

● お名前　　　　　　　　　　　　　　　　（男・女）

● 在学校	□ 保育園・幼稚園　□ 中学校　□ 専門学校・大学	学年
	□ 小学校　□ 高等学校　□ その他（　　　　）	（歳）

● お買い上げ
書店名 （所在地）　　　　　　　書店（　　　　　　　市 区
　　　　　　　　　　　　　　　　　　　　　　　　町 村 ）

★すてきな賞品をプレゼント！
お送りいただきました愛読者カードは、毎年12月末にしめきり、
抽選のうえ100名様にすてきな賞品をお贈りいたします。

★LINEでダブルチャンス！
公式LINEを友達追加頂きアンケートにご回答頂くと，
上記プレゼントに加え，夏と冬の特別抽選会で記念品を
プレゼントいたします！

※当選者の発表は賞品の発送をもってかえさせていただきます。　https://lin.ee/cWvAhtW

株式会社 増進堂
受験研究社

愛読者カード

本書をお買い上げいただきましてありがとう
ございます。あなたのご意見・ご希望を参考に
今後もより良い本を出版していきたいと思い
ます。ご協力をお願いします。

1. この本の書名

お買い上げ

年　月

2. どうしてこの本をお買いになりましたか。
□書店で見て　□先生のすすめ　□友人・先輩のすすめ　□家族のすすめ
□塾のすすめ　□WEB・SNSを見て　□その他(

3. 当社の本ははじめてですか。
□はじめて　□2冊目　□3冊目以上

4. この本の良い点，改めてほしい点など，ご意見・ご希望を
お書きください。

5. 今後どのような参考書・問題集の発行をご希望されますか。
あなたのアイデアをお書きください。

6. 塾や予備校，通信教育を利用されていますか。

塾・予備校名　[　　　　　　　　　　　　　　　　　]

通信教育名　　[　　　　　　　　　　　　　　　　　]

企画の参考，新刊等のご案内に利用させていただきます。

□ **1** 本文の内容に合うものをア〜オから３つ選びなさい。

ア Most Japanese were proud of the fact that the Japanese educational system brought them excellent results.

イ The Japanese educational system was successful in that most students studied extremely hard and were good at creative intellectual activities.

ウ American students usually showed a good record in creative intellectual activities and self-expression.

エ Japanese students were not well educated in expressing themselves.

オ Japanese students tended to have the desire to pass examinations rather than thinking for themselves.　　　　　　　　　　　　　　　(　　　)(　　　)(　　　)

□ **2** 下線部(a), (b), (d)の内容として最も適切なものをア〜エから１つずつ選びなさい。

(a) came near the bottom

　ア came close to Japanese students

　イ came close to the students of other advanced nations

　ウ ranked at the lowest level

　エ ranked at a level lower than Japanese students　　　　　　　　(　　　)

(b) making them even more homogeneous

　ア making those facts, attitudes, and opinions even more alike

　イ making those facts, attitudes, and opinions even more different

　ウ making the students even more similar

　エ making their minds even more different　　　　　　　　　　(　　　)

(d) subjecting them to

　ア allowing them to have　　　イ enabling them to have

　ウ permitting them to have　　エ forcing them to have　　　(　　　)

□ **3** 下線部(c)を和訳しなさい。

□ **4** 次の単語を指示に従って書きかえなさい。

(1) achievement（動詞形）......................　(2) perform（名詞形）......................

(3) education（動詞形）......................　(4) psychological（名詞形）......................

📖 **重要構文**
_____

such A as B 「BのようなA」＝A such as B

　such measurable fields as ⎰ mathematics　　　「数学や科学のような計測可能な分野」
　　　　　　　　　　　[and] ⎱ science

✐ **POINTS**

地図を見ながら無事に友人の家までたどり着けるのだろうか。

Bill is going to visit Ted. Ted rings Bill on his mobile phone.

Bill : Hello?

Ted : Hi Bill! Thanks for coming to visit me today. How was the bus ride from Tokyo?

Bill : No problem. There were no traffic jams, and I got a good seat on the bus. Anyway,
5   I've just arrived at the bus stop.

Ted : Ah, good timing! Listen, I know (a)I said I'd come to meet you, but I'm a bit tied up at
      the moment. Would it be OK if I gave you directions instead?

Bill : Sure. I'm now standing in the south parking lot. (b)There seems to be only one way
      out of here.

10 Ted : Yeah, that's right. So, first take the road that leads out of the parking lot, and turn
      right.

Bill : OK, got it.

Ted : You'll pass a ramen shop on your right, and then make a sharp right-hand turn at the
      next corner.

15 Bill : OK. I'm now passing a dentist's office, is that right?

Ted : Umm... (c)【a dentist / don't / there / remember / I / being】... But there's definitely
      an ATM on that street.

Bill : Oh yeah! I see that too — it's just (　1　) the dentist.

Ted : OK, cool.

20 Bill : I think I can see the highway up ahead, am I going the right way?

Ted : Yep, exactly. Once you pass under the highway, turn right at the second corner and
      walk about 100m. You'll see my new red Ferrari out in front on the left.

Bill : You bought a Ferrari?! I'm jealous. (　2　), you can definitely drive me back to the
      bus stop later and show me how it runs!

重要語句 □ traffic jam 交通渋滞   □ direction 行き方, 方向   □ parking lot 駐車場
□ lead 通じる   □ pass 通り過ぎる   □ dentist's office 歯科医院   □ definitely 確かに

43

□ **1** 下線部(a)を和訳しなさい。

□ **2** 下線部(b)を和訳しなさい。

□ **3** 下線部(c)【 】内の語句を並べかえて，意味の通る文にしなさい。

□ **4** （ 1 ）（ 2 ）に入る最も適切なものをア～エから１つずつ選びなさい。

(1) ア next to   イ opposite   ウ across   エ far

(2) ア In fact   イ In the end   ウ In short   エ In that case

(1) (   ) (2) (   )

□ **5** テッドの家を表すのはどの星（★）か。最も適切なものをア～エから１つ選びなさい。

(   )

ア the one opposite a cafe   イ the one opposite a supermarket

ウ the one beside a flower shop   エ the one opposite a hospital

□ **6** 次の２つの質問に対する答えとして最も適切なものをア～エから１つずつ選びなさい。

(1) Why does Ted say "good timing"?

ア He was free to come and visit Bill.   イ Bill can see his new Ferrari.

ウ Bill got a good seat on the bus.   エ He hasn't kept Bill waiting.   (   )

(2) Why does Bill say he wants to be driven back to the bus stop?

ア It's too far.

イ He's bad at following directions.

ウ He wants to ride in Ted's new Ferrari.

エ Ted kept his promise to meet him at the bus stop.   (   )

📖 **重要構文**

① **If**＋主語＋動詞の過去形～，主語＋助動詞の過去形＋動詞の原形…（仮定法過去）

Would it be OK if I gave you directions instead?

「代わりに行き方を君に教えてもいいかな」

② **Once** ～「いったん～すれば…」

Once you pass under the highway, turn right at the second corner

「いったん高速道路の下をくぐったら，２つ目の角を右に曲がって」

⑳ 色が表すこと

解答▶別冊P.18

POINTS

国によって色のもつイメージや価値観が異なる。どのような違いがあるのだろうか。

Color can have both positive and negative meanings; color can also affect a person's emotions and mood. Blue, (1) example, may have a positive meaning when used to represent the peace and tranquility associated with the blue of the sky or the sea. In other situations, blue may have a negative meaning when used to suggest sadness or depression.
5 People say "I'm blue" to express melancholia. Black is another color that may be viewed in a positive or negative manner. Black is associated with sophistication and with high technology, but black may also be considered funereal and thus evoke feelings of sadness. White suggests purity and innocence; thus, white has been used successfully in marketing soaps as (2) as bridal gowns. In countries such as China, however, white is funereal.
10 (a)Companies planning to market their products worldwide will want to become familiar with the special meanings of colors before entering a specific foreign market. A U.S. company marketing a product in China learned this lesson when (b)it placed yellow markers in its product, signifying that the product had passed inspection. The company later learned that (c)to the Chinese the yellow marker signified that the product was defective. Even after
15 an explanation of the meaning of the yellow marked in the United States, the Chinese were still uncomfortable accepting the shipment. Yellow, (3) its positive association with sunshine and happiness, may not be the best choice for marketing products internationally because of the negative connotations of the color, including cowardice.

Some companies who tried to market their products in other countries were unsuccessful
20 because they chose the wrong color (4) for the product or for its package. Green, although it has a positive connotation in France and Sweden because it is associated with cosmetics, has a negative connotation in countries with green jungles because of its association with disease. Red should be used with caution when marketing products internationally. Use of red for a product or its package would not be recommended in South
25 Korea because of the implied association with communism — an unwanted association by most South Koreans.

重要語句 □ tranquility 静けさ □ depression 落ち込み □ melancholia ゆううつ
□ sophistication 高度な知識 □ funereal 葬式にふさわしい □ evoke 呼び起こす
□ purity 純真さ □ innocence 無実 □ signify 示す □ inspection 検査
□ defective 欠陥がある □ association 関連性 □ connotation 含み □ cowardice 臆病
□ imply ほのめかす

□ **1** （ 1 ）～（ 4 ）に入る最も適切なものをア～エから1つずつ選びなさい。

(1) ア by イ for ウ off エ to

(2) ア good イ possible ウ soon エ well

(3) ア despite イ like ウ plus エ since

(4) ア both イ each ウ either エ neither

(1) (　　　) (2) (　　　) (3) (　　　) (4) (　　　)

□ **2** 下線部(a)を和訳しなさい。

- -

□ **3** 下線部(b) it が指すものとして最も適切なものをア～エから1つ選びなさい。　　（　　　）

ア a product イ a U.S. company ウ China エ this lesson

□ **4** 下線部(c)の意味として最も適切なものをア～エから1つ選びなさい。　　（　　　）

ア 中国人のために付けられた黄色い印の商品に欠陥があるということ。

イ 中国人のために付けられた商品の黄色い印が適格だったということ。

ウ 中国人にとって黄色い印は商品が欠陥品を意味しているということ。

エ 中国人にとって黄色い印は商品が適格品を意味しているということ。

□ **5** 次の各文について，本文の内容と一致するものには〇を，一致しないものには×を書きなさい。

(1) Color can influence how people feel, whether happy or upset.

(2) When Chinese people see the color of white, they may connect it with someone's death.

(3) Knowing what the yellow marker meant made the Chinese feel willing to accept the product for a supplier.

(4) It is recommended that you think carefully before using red if you want to succeed in business internationally.　　(1) (　　　) (2) (　　　) (3) (　　　) (4) (　　　)

📖 重要構文

① **both A and B**「AとBの両方」
Color can have both positive and negative meanings
「色には肯定的な意味と否定的な意味の両方がある」

② **have〔has〕＋been＋過去分詞**（完了形の受動態）
white has been used successfully in marketing ～
「白は～のマーケティングでうまく利用されてきた」

長文速読のキーポイント

　入試で最後に出題されることが多い「長文問題」。解答時間が残り少ない状態でまとまった分量の英文を読んで解答しなければならないため，苦手意識を持っている人も多いと思います。実際，一度は「文章を速く，そして正確に読むためにはどうしたらよいか？」と考えたことがあるのではないでしょうか。長文を速く正確に読む方法はいくつかありますが，ここでは以下の方法を紹介します。

　長文を速く正確に読むためには「速読」のテクニックが有効です。速読と聞くと，何か特別な技術が必要なのではないかと思ってしまいがちですが，実はこれは毎日の英語の学習で身につけることができます。次の英文を見て確認してみましょう。

> I want to talk with a girl who is dancing in the middle on the stage.

　きっと多くのみなさんの頭の中では，この英文を正確で自然な日本語に直す作業が行われていることでしょう。そしてだいぶ時間がたった後にやっと「私はステージの真ん中で踊っている女の子と話がしたい」という模範的な和訳に行きつくわけです。

　これは「和訳せよ」というタイプの問題の場合は必要な作業ですが，分量の多い長文をこのペースで読んでいくとなると到底時間が足りません。では，どうしたらいいのでしょうか。

　それは，「英文を前から小さなまとまりで読んでいき，振り返らない」ことです。例えば先ほどの英文は，こんなふうに読んでいけばよいでしょう。

> I want to talk ／ with a girl ／ who is standing ／ in the middle ／ on the stage ／／.
> 私は話したい ／ 女の子と 　／ 　立っている 　　／ 　真ん中に 　　／ ステージの ／／。

　いかがでしょうか？頭の中できれいな日本語に仕上げようとしなくても，これで十分文章の内容は正確に理解できます。これを「チャンク読み」と言います。「チャンク」とは「意味のまとまり」のことを意味しており，英文をチャンクごとにスラッシュ(／)を入れて，チャンクのまま読み進めていくと読むスピードが格段に上がります。また，小さいまとまりごとに読んでいくため，間違いが少なくなるメリットもあります。

　しかし，チャンク読みを身につけるには大切なことがあります。それは「語彙力」と「文法の知識」を蓄えることです。この２つの力がないと，そもそもどこにスラッシュを入れたらいいかが分からず，チャンクを作ることができません。「語彙力」と「文法の知識」は日々の授業や家庭学習で地道に身につけていく必要があり，この２つの力が身につけば速読力だけでなく，英作文や会話の力もついてくるのです。

　まさに，Many a little makes a mickle.(ちりも積もれば山となる)なのです。

装丁デザイン　ブックデザイン研究所
本文デザイン　未来舎

本書に関する最新情報は, 小社ホームページにある**本書の「サポート情報」**をご覧ください。(開設していない場合もございます。)
なお, この本の内容についての責任は小社にあり, 内容に関するご質問は直接小社におよせください。

高校　トレーニングノートα　英語長文読解

編著者	高校教育研究会	発行所	受験研究社
発行者	岡 本 明 剛		
印刷所	ユ ニ ッ ク ス	©	株式会社 増進堂・受験研究社

〒550-0013 大阪市西区新町 2 丁目19番15号
注文・不良品などについて：(06)6532-1581(代表)／本の内容について：(06)6532-1586(編集)

① 日本の食べ物番組 (pp.6〜7)

☑ 解答

1 イ

2 (a)イ　(d)キ

3 エ

4 ウ

5 (1)relation　(2)major
(3)react　(4)preparation

〔出典〕 目白大学

解法のヒント

1 ア日本への訪問者の多くが，日本の食べ物に関するテレビ番組の多さに気づく。　イ西欧では，ほかの人とは違うことを言おうとする。　ウ日本の番組では食べている人を映していることが多い。エ西欧の番組では，レストランや料理の費用の紹介などに多くの時間が費やされる。

2 (a) the interesting thing about these shows「これらの番組について興味深いのは」 (d) would try to say something different from 〜「〜とは何か違うことを言おうとするだろう」 different 以下が something を修飾している。

3 to be eaten は the food を後ろから修飾する to 不定詞の形容詞的用法。to＋be 動詞＋過去分詞の形は to 不定詞の受動態になる。

4 アつまらない　イ失望させる　ウおもしろい　エくつろがせる

5 (1)関係　(2)主要な　(3)反応する　(4)準備

解説

*l.*1　One of the interesting things (that) visitors to Japan notice　［関係代名詞の省略］

*l.*2　shows on Japanese television ［that relate to food］
「食べ物に関する日本のテレビ番組」

*l.*3　the majority of food shows on Japanese television show people eating 〜
the majority から television までが主語で show が動詞。

*l.*11　The really fascinating thing is that 〜
補語となる節を導く that。

全訳

　日本への訪問者が気づく興味深いことの1つは，食べ物に関する日本のテレビ番組の数の多さだ。もちろん，西欧の国でも食べ物の番組はたくさんあるが，日本のテレビでの食べ物の番組の大多数は，料理する人よりも，食べている人を映しているようだ。

　これらの番組について興味深いのが，テレビのタレントや映画スター，あるいは試食している人がだれであれ，その反応である。一般的に，その人物は食べようとしている食べ物を注意深く見つめ，ゆっくりとそれを持ち上げ，それを口に入れ，長い間間を置くのだ。しばらくして，試食者はほとんどいつも驚いた表情を見せて，そして「おいしい！」か「うまい！」と言う。

　実におもしろいことは，反応がほとんどいつでもこれら2つの単語のうちの1つであり，ほかに何もないことだ。ほかの国では，反応は多数の表現のうちの1つであって，ほとんどの人はほかの人がついさっき言ったこととは何か違うことを言おうとするだろう。例えば，ある人が「うまい」と言ったとすると，次の人は「これは本当においしい」というようなことを言い，3人目は「この食べ物はすばらしい」というような，同じ意味ながらも違う表現で相づちを打つだろう。

　西欧のテレビではそのような番組の扱いは違うだろう。もちろん，該当の食べ物をだれかが試食するだろうが，これは番組のほんの短い一部にすぎない。むしろ，レストランを見せたり，料理がどのように準備されるのかや，該当の料理の費用について話したりすることに，多くの時間を費やすだろう。

② 若者の犯罪と栄養 (pp.8〜9)

☑ 解答

1 (1)キ　(2)ウ

2 エ

3 reduce

4 have been exploring this idea for about 20 years

5 全訳下線部参照

6 (1)belief　(2)nutrition
(3)dependence　(4)exploration

〔出典〕 高知大学

解法のヒント

1 ア定義　イ例　ウ理由　エ出来事　オ質問　カ問題　キ考え　ク疑い

(1)The idea that ～「～という考え」 that は同格の接続詞。The idea の動詞は might seem。
(2)there is good reason to *do*「～する十分な理由がある」

2 (It is) no wonder (that) 主語 ～「主語が～するのはまったく不思議ではない」≒「驚くべきことではない」

3 take the edge off ～「～を鈍らせる」≒reduce「減らす」（4 行目）
edge には「刃，刃先」という意味があり，元来の意味は，刃物の刃を off(悪い状態に)すること，つまり切れ味を鈍らせること。

4 動詞が現在完了進行形であることに着目→have been exploring，explore「(問題)を探求する」は他動詞。

5 It is ... that ～. の構文。It は that 以下の形式主語。, to a degree, は挿入句で「ある程度」の意味。
the nutrients (which〔that〕) the brain gets from the diet 関係代名詞 which〔that〕の省略。「脳が食事からとる栄養」

6 (1)信念，確信，信仰，信頼，信用 (2)栄養(物)，栄養学 (3)依頼，依存，信頼 (4)探検，調査，探求

解説

*l.*1 the idea that ～「～という考え」 that は同格の接続詞。

*l.*3 recent British research showing that ～

「that 以下を示している最近の英国の研究」

*l.*6 the answer to ～「～(の問題)に対する解決策」

*l.*11 more and more ～「ますます多くの～」

*l.*12 altering this organ's fuel supply が主語。
「この器官への燃料補給を変えること」

*l.*15 individuals eating an unhealthy diet

「不健康な食事をとっている個人」

*l.*16 commit an offense = commit a crime
「罪を犯す」 本文中では，複数形 commit offenses。
※ commit suicide「自殺する」= kill oneself

*l.*16 those consuming relatively healthy fare

「比較的健康的な食事をとっている人々」
those は「人々」の意味。

全訳

私は，栄養状態の比較的小さな変化が，長期的には大きな利益をもたらすという考えを強く信じている。だから，若い犯罪者に基本的な栄養を与えることで，犯罪傾向をかなり減らすことができるということを示している最近の英国の研究を読んでとても興味を持った。

イギリスの青少年犯罪の多発問題に対する解決策が，地元の健康食品店の棚で見つかるかもしれないという考えは少し信じ難いように思えるが，これには多少の真実が含まれていると信じるのに十分な理由がある。私たちの気分や行動が，ある程度，脳が食物から得る栄養に依存しているということは事実である。

だから，この器官への燃料補給を変えることが，非行へ向かう傾向を鈍らせることができることを示唆するためにますます多くの調査が進んでいるというのもまったく不思議なことではない。

科学者はこの考えを今ではもう約 20 年探求している。初期の研究では，不健康な食べ物を食べている人は，比較的健康な食べ物を食べている人に比べると，重い罪を犯す傾向がいっそう強い，ということがわかった。

③ サポート犬 *(pp.10～11)*

解答

1 since
2 assist
3 全訳下線部参照
4 全訳下線部参照
5 ア
6 エ

〔出典〕 摂南大学

解法のヒント

1 空所の後ろに西暦があること，また継続を表す現在完了が使われていることに注目する。
2 support は「援助する」という意味。
3 take care of ～「～を世話する」 A as well as B「B だけでなく A も」
4 Why not ～? で「～しませんか」という意味。
5 XYZ レスキュー＆セラピードッグ協会が行っていることを読みとる。
6 ア「新しい団体がセラピードッグを養成する最初の年である」 イ「その団体は 2001 年から

政府より資金援助を受けている」　ウ「訓練所は病気のまん延を防ぐために一般には公開されていない」エ「認定を受けた人しか毎週のイベントの手伝いができない」

🔍解説

*l.*4　We train dogs in our facility for $\left\{\begin{array}{l}\text{search}\\\text{rescue}\\\text{therapy.}\end{array}\right.$ 　(, / and)

*l.*5　missing people「行方不明の人々」

*l.*11　We constantly need volunteers

$\boxed{\text{as well as}}\left\{\begin{array}{l}\text{to take care of }\sim\\\text{to conduct weekend }\sim\end{array}\right.$

*l.*17　Why not $\left\{\begin{array}{l}\text{visit our training site}\\\text{take some photos after }\sim\end{array}\right.$ $\boxed{\text{, and}}$

全訳

　私たちは犬で世界をサポートします！

　XYZ レスキュー＆セラピードッグ協会は 2001 年から活動しています。私たちは，自然災害後の人々をサポートするための民間団体です。私たちの施設では，捜索，救助，セラピーのための犬を訓練しています。訓練された犬たちは，地震や地滑りの後に行方不明となった人々を探す救助隊を支援しています。過去 10 年間で，20 頭以上の犬が災害救援活動に従事しました。また，セラピードッグは，災害関連の困難な状況にある人々を支援しています。トレーナーが病院や学校にセラピードッグを連れて行っています。

　ボランティアを募集しています！

　(b)週末に行われる来場者向けのイベントを行うボランティアだけでなく，訓練所での犬の世話をしてくれるボランティアも随時募集しています。18 歳以上の方でご興味のある方は，ぜひご連絡ください（面接いたします）。また，ご寄付もお待ちしております！

　ウェブページ用写真コンテスト

　レスキュー犬やセラピー犬が活躍する様子を撮影した写真を募集しています。(c)私たちの訓練所を訪れて，この特別な動物たちについて学んだ後に写真を撮ってみませんか。コンテストについての詳しい案内はこちらのウェブページをご覧ください。

<<https://xyzrescuedogcenter.com/photocontest>>

---

④ 人間の３種類の記憶　(*pp.12〜13*)

📝 解答

1	2
2	オ
3	ウ
4	(a)ア　(b)ア　(d)ウ　(e)ウ
5	(1)instant　(2)division
	(3)(米)memorize　(英)memorise
	(4)addition

〔出典〕　大妻女子大学

💡 解法のヒント

1　「情報が短期記憶の中に入らないなら，その記憶はそれ以上残らないだろう」
感覚記憶は短期記憶に入る前段階なので，第2段落［感覚記憶について］と第3段落［短期記憶について］の間に文が入る。

2　Once 〜「いったん〜すると」
keep repeating と stop repeating に着目すると，Once が入るのは明白。

3　第3段落に，for about twenty seconds とある。

4　(a) based on 〜「〜に基づく」≒ according to 〜「〜に応じて，〜に従って」イ「〜のふもとに」ウ「〜にもかかわらず」エ「〜に加えて」オ「〜次第で，〜に至るまで」(b) keep (on) 〜ing = continue 〜ing「〜し続ける」(d)ア「独創的な」(e)(all) on one's own = alone「一人で，独力で」ア「容易に」イ「同様に」エ「外見上は」オ「規則的に，定期的に，きちんと」

5　(1)［名詞と形容詞は同じ形］一瞬，瞬間，即時の，すぐの　(2)区分，分割，部門　(3)記憶する，暗記する　(4)追加

🔍解説

*l.*5, 6　It, it = sensory memory

*l.*8　$\left\{\begin{array}{l}\text{for about twenty seconds}\\\text{as long as you are actively using it}\end{array}\right.$ (or)
「20 秒間，あるいはそれを積極的に使っている限り」

*l.*9　to oneself「心の中で，心の中に」
to yourself「あなたの心の中で」

*l.*11　either A or B「AかBのどちらか」
either $\left\{\begin{array}{l}\text{it is forgotten}\\\text{it moves into long-term memory}\end{array}\right.$ (or)

*l.*14　for years and years「何年もの間」

l.15 $\left\{\begin{array}{l}\text{when you actively try to put it there} \sim \\ \boxed{or}\; \text{when an idea or image enters your mind} \sim\end{array}\right.$

全訳

人間の3種類の記憶は，感覚記憶，短期記憶，長期記憶である。この記憶の段階の分類は記憶時間の長さに基づいている。

感覚記憶は瞬間的な記憶である。それはほんの短い期間だけあなたの心に入る像や記憶である。つまり，1秒以内に入って出て行くものである。情報が短期記憶の領域に入らないなら，その記憶はそれ以上残らないだろう。

情報は，約20秒間，短期記憶の中に保たれる。あるいは，あなたがそれを積極的に使っている限り，短期記憶の中に保たれる。もしあなたが，ある事実を心の中で繰り返せば，それを繰り返し続ける限り，短期記憶の中にとどまるだろう。いったん，繰り返すのをやめれば，それは忘れ去られるか長期記憶の中へ移動する。

長期記憶は，考えや像を何年もの間保持できる巨大な記憶貯蔵庫である。あなたが，記憶することによって，それ〔情報〕を積極的にとどめようとしたり，考えや像がひとりでにあなたの頭の中に入ってきたりしたときには，情報は長期記憶の中に加えられる。

⑤ 左利きは事故に遭いやすい？ (pp.14～15)

☑ 解 答

1 (1)ウ (2)ア (5)イ
2 左手よりも右手の使用をより好むということ。
3 イ
4 ア
5 ア× イ○ ウ×
6 (1) preference (2) discover
(3) electricity (4) operation

〔出典〕 徳島文理大学

💡 解法のヒント

1 (1)話題が「右利きの人」から「左利きの人」に変わっている。[対照]表現である on the other hand「他方で」が適切。 (2)「たいていのこと」を説明するための[例示]表現である for example「例えば」が適切。 (5)直前までの電動工具に関する話を受け，直後で事故が発生する割合が高い

と述べている。for these reason「これらの理由で」が適切。
2 直前の Most people prefer to use their right hand more. を日本語でまとめる。 prefer to ～「～することを（より）好む」
3 「左利きの人と呼ばれる」とするために be 動詞＋過去分詞の受動態にする。直前に be 動詞の原形があるため，ア call は不適。ウでは進行形になり，意味が通らない。
4 while ～ing「～している間に」となるよう，ア taking part in を選ぶ。while と～ing の間には主語＋be 動詞が省略されている。
5 ア右利きではなく，左利きの学生に対してである。 イ第3段落2文目参照。 ウどんな器具でも，とは書かれていない。
6 (1)好み (2)発見する (3)電気 (4)操作

💬 解説

l.3 be true of ～「～に当てはまる」
l.4 those who ～「～する人々」
l.6 A person whose left hand is used more までが主語。
l.8 , who's been studying left-handed people は直前の A Canadian scientist を説明している［関係代名詞の非制限用法］。
l.10 many more＋複数名詞「ずっと多くの～」
l.13 be likely to ～「～しそうである」
l.17 Many accidents suffered by left-handed people が主語。suffered は過去分詞の形容詞的用法。

全訳

左利きの人と事故

たいていのことをするために，どちらの手を使うだろうか。左手，それとも右手だろうか。ほとんどの人は右手を使うのをより好む。もしこれが当てはまるなら，あなたは右利きだ。他方で左利きの人は，例えば食事，書くこと，道具をつかんだり，ボールを投げたりなど，たいていのことをするために左手を使う人である。左手をより多く使う人は left-hander とも呼ばれる。

あるカナダ人科学者は，左利きの人をずっと調査していて，彼らについていくつかの驚くべき発見をした。その科学者は，左利きの人は右利きの人よりずっと多くの事故に遭っているということを発見したのだ。

その調査は，2年間にわたって，ブリティッシュコロンビア大学のほぼ 1,900 人の左利きの学生に行われ

4

たものであった。左利きの人は，家で事故に遭う割合が右利きの人より 49％高いことを発見した。彼らが仕事中に事故に遭う割合は 25％高い。そしてスポーツ活動に参加している間に事故に遭う割合は 20％高い。

　左利きの人が被る多くの事故は，電動工具を使用するときに起こる。これは，その器具が右利きの人が簡単に握って使用できるように設計されているからである。だから，それらを操作するために，左利きの人は右手を使うか，もしくは変な姿勢をとらなければならない。これらの理由で，左利きの人は右利きの人より，電動工具を使用している間に事故に遭う割合が 54％高いのである。

❻ 自分のことは自分でする (pp.16〜17)

☑ 解答
1 ア，エ
2 ウ
3 全訳下線部参照
4 (1)イ　(2)ウ　(3)ア　(4)イ
5 (1)independent　(2)preparation
　　(3)responsible　(4)corporation

〔出典〕　いわき明星大学

💡 解法のヒント
1　アアメリカでは，金持ちはいつも家事を手伝ってもらうために人を雇っているとは限らない。イアメリカ人にとっては，余暇はお金より大切である。　ウアメリカの弁護士や大学教授は，自分のカバンをめったに自分で運ばない。　エもし，家事を手伝ってもらうために人を雇えば，家族のプライバシーは少なくとも部分的に失われるだろう。

2　whoever の訳し方[(1)〜する人はだれでも ／ (2)〜である人はだれでも ／ (3)たとえだれが〜しても[であっても]＝no matter who]　ここでは(3)

3　Many <u>Americans</u>

```
        ┌─ who could afford ┌ household help
        │            └ or ┤ a driver
        │              or └ a gardener
        │
    do not employ them.
```

4　(1)[iɡzékjətiv]　(2)[pəːrsənǽləti]
　(3)[ápəreitid]　(4)[divéləpmənt]
5　(1)独立の，自活している，他人に頼らない，ほかと無関係の　(2)準備，用意，予習，調理，料

理，調合(薬)剤　(3)責任がある，信頼できる　(4)社団法人，有限会社，都市自治体

👤 解説
*l.*1　we generally {carry our own bags
　　　　　　　, │ take our laundry 〜
　　　　　　　, │ stand in line 〜
　　　　　　　, or │ shine our own shoes,

*l.*6　Whoever {can afford the extremely 〜
　　　　, and │ wants to pay it, may (pay it).

*l.*9　Americans {take pride in 〜
　　　　and │ may devote 〜.

*l.*12　They prefer {family privacy
　　　　　　, │ independence
　　　　　　, │ freedom 〜,

*l.*13　..., all of which 〜 ［関係代名詞の非制限用法］「そして［…だが］，それらのすべては〜」

*l.*16　household help has been replaced
　　　by {easily operated 〜
　　　, │ prepared or packaged foods
　　　, │ perma-pressed fabrics
　　　, and │ other such 〜.

全訳
　アメリカ合衆国は，「自分のことは自分でする」国なので，たとえ，私たちがだれであろうと，つまり，弁護士，大学教授，銀行の頭取，会社の重役であろうと，一般的に，自分のカバンを持ち，自分の洗濯物をコインランドリーに持っていき，食料品店で列に並び，自分の靴を磨く。アメリカにおけるサービスとは，単なる冷たい金銭的なものである。つまりそれは，敬意や尊敬や地位や人種や国籍や人格とはまったく関係がない。この国では，極端に高額のサービスにお金を払う余裕があり，それにお金を払いたい人はだれでもそうしてもよい。しかし，自分で日常の雑用をすることについては，まったく社会的恥辱になることはない。事実，アメリカ人は自分のことを自分でやり遂げるということに誇りを持っているので，家の周りのいろいろなことに，彼らの多くの余暇の時間をあてているのかもしれない。

　<u>お手伝いさんや，お抱え運転手や，庭師を雇う余裕のありそうな多くのアメリカ人は，彼らを雇わない。</u>彼らは，家族のプライバシーや，自立，責任からの解放を好むが，それらすべては，家でだれかに手伝ってもらうとき，少なくとも部分的に失われる。またある人は，家事手伝いの仕事に高いアメリカの賃金を支

払う代わりに，むしろ旅行やスポーツなどに，つまり，別の方法でお金を使いたいと思う。家事手伝いの仕事は，その大部分が，操作が簡単な家庭用電気製品や調理されたりパックされた食料品やアイロン不要の生地やそのほかの労力を省く開発品にとって代わられてきているのである。

❼ 人間特有の能力とは？ (pp.18〜19)

☑ 解答
1 ア
2 イ
3 (2)エ　(3)ア　(4)イ
4 一見関係のない物事を結びつけて，見たことのない問題を解決する能力。(33字)
5 ウ
6 イ

〔出典〕東北学院大学

💡 解法のヒント

1 over the past few years「ここ数年で」
2 out + perform と切り離して考える。接頭辞 out- には「優れる」という意味がある。また，下線部の後に続く文脈からも，機械の方が人間よりも同一のタスクを行うことに優れているということが読みとれる。
3 (2)第2段落で「機械は同一のタスクを延々と行うことに長けている」ということを述べているので，「大量の作業を頻繁に行うという点では，人間は機械に対抗する機会はない」という意味にする。　(3)第3段落は But から始まっていることに注目すると，機械は大量の作業を行うことには長けているが，あまり見たことのないものを扱うことができない，ということがわかる。　(4)「一見関係のないことを結びつけて，新しいものを作り出す能力」にあたる単語 creativity が入る。
4 ability の後に続く to connect seemingly unrelated matters to solve problems we've never seen before が ability の内容を説明している。
5 ア機械は今，教師や医師がしていることの一部をすることができる。　イ機械は人間に比べて短い時間で多くのデータを処理することができる。ウ人間は大量の反復作業を処理する能力が非常に高い。
6 ア機械は大量の既存データなしに問題を解決

することができない。　イ機械の学習は電子レンジの発明に関わった。　ウスペンサーは，自身の研究を明らかに関係のないものに結びつけた。

👤 解説
l.4　The grades it gave matched those given by human teachers.
those = grades であり，「人間の教師によってつけられた成績」となる。
l.7　Now, given the right data,「現在では，適切なデータがあれば」
l.13　the ability to 〜「〜という能力」[同格の不定詞]
l.17　connect A with B「A と B を結びつける」

全訳
　機械はデータから学習し，人間ができることの一部をまねることができる。ここ数年，私たちは飛躍的な進歩を遂げている。2012年，当社は高校生のレポートを読んで評価するプログラムを開発した。その結果，機械がつけた評価と人間の教師がつけた評価は一致した。2014年には，機械は人間の眼科医のように，目の写真から病気を見つけることに成功した。

　現在ではこのように，適切なデータがあれば，機械は人間よりも優れた能力を発揮することができる。教師は40年の現役生活で1万枚のレポートを読むかもしれない。医師は5万個の目を見るかもしれない。機械は何百万ものレポートを読み，何百万もの目をたった数分で見ることができる。大量の作業を頻繁に行うという点では，人間は機械に対抗することはできない。

　しかし，機械はあまり見たことのないものを扱うことはできない。人間にはそれができる。人間には，一見関係のない物事を結びつけて，見たことのない問題を解決する能力がある。

　パーシー・スペンサーは，第二次世界大戦中，レーダーシステムの研究をしていた科学者である。マグネトロンがチョコレートバーを溶かしていることに気づいたとき，彼は，電磁放射線についての理解と料理に関する知識を結びつけることができた。それが電子レンジの発明につながった。これは創造性の特に素晴らしい一例である。

⑧ ディズニーキャラクターと手袋の関係 *(pp.20〜21)*

☑ 解答

1 (1)イ (2)イ (3)イ (4)ア (5)エ

2 全訳下線部参照

3 丸みを帯びた手を黒い体から切り離すのは難しいこと。

4 イ

〔出典〕 京都産業大学

☀ 解法のヒント

1 (1)アとても恐ろしい イとても理にかなったウとてもおしゃれな エかなり配慮に欠けた
(2)アあまり面白くない イより簡単で早いウよりやりがいのある エより遅く難しい
(3)ア動き イ特徴 ウ性格 エ小物
(4)ア最もよい方法 イペアで描かれる ウめったにアニメーション化されない エ色とりどりの追加
(5)ア完璧だった イ自然に見えた ウより少ない描画を意味していた エ多すぎるように思われた

3 直前の文の separating 以下が this の指す内容である。

4 say「言う」の後に続く that 節。that の後ろは脱落がない完全な文になる。アの that の後ろは完全な文だが，この possibility that は同格「〜という可能性」の意味で使われている。ウは関係代名詞の that，エは強調構文の that である。

👤 解説

*l.*5 <u>The short answer</u> <u>as to why so many</u>

<u>characters wear gloves</u> is that 〜
as to 〜「〜について」

*l.*10 make the animation process quicker
「アニメーションのプロセスを早くする」

*l.*16 gloves kept animation simple
「手袋はアニメーションをシンプルにした」

全訳

　ミッキーやミニー，ドナルドダックなどのディズニーキャラクターには，手袋という共通の小物がある。ディズニーの最も有名なキャラクターには意外な事実がたくさんあるが，彼らに手袋をつけることは，実はとても理にかなった考えなのである。

　<u>なぜ多くのキャラクターが手袋をしているのかについて簡潔に言うと，アニメーションは手間のかかる作業だからである。みんなが大好きでよく知ってい</u>るキャラクターを作るには時間がかかる。アニメーターたちは，その作業を少しでも楽に早くしたいと考え，いくつかの技術とこつを使っていた。その１つが，角度の代わりに曲線を使うことである。これは，手などの特徴を単純化してアニメーションのプロセスを早くするということを意味していた。

　白黒アニメーションの時代には，丸みを帯びた手を黒い体から切り離すのは難しいことであった。これを補正するために，手を目立たせるのには白い手袋が最適だったのである。実際，キャラクターに手袋をはめたのはウォルト・ディズニーが最初だったかもしれない。アニメーションがカラーになっても，ミッキーとその仲間たちはオリジナルの白い手袋のままであった。

　ウォルト・ディズニーは，手袋はアニメーションをシンプルにし，ネズミを人間らしくするものだと言っていた。「ミッキーはより人間的であるべきだから，彼にはネズミの手を持ってほしくなかった。だから私たちは彼に手袋をつけたんだ。でもね，小さなネズミには５本の指は多すぎるように見えたから１本取り除いたんだ。」

⑨ 身体障害者への機械的・電気的補助 *(pp.22〜23)*

☑ 解答

1 (a) difficulties (f) wheelchairs

2 (1)エ (2)ウ (3)ア

3 (1)エ (2)ア

4 (障害者が)短距離を移動すること。

5 enough

6 (1) distant (2) adaptation

〔出典〕 東横学園女子短期大学

☀ 解法のヒント

1 (a)「これらの１つは」つまり「困難なことの１つは」。 (f)「手で操作されるもの」つまり「手動式車椅子」。

2 (1)Some 〜. Others ....「〜するもの〔人〕もあれ〔いれ〕ば，…するもの〔人〕もある〔いる〕」
(2)have trouble (in) 〜ing「〜するのが困難である」 (3)allow+人+to 〜「人が〜することを可能にする」 to 〜 は to 不定詞。

3 (1)ア動詞の過去形「使った」 イ過去の習慣 used to 〜「よく〜したものだ」 ウ be used to 〜「〜に慣れている」 エ受動態「使われた」 (2) can adapt A for B の受動態。A can be adapted

7

for B.「AはBに適合されることができる」
④ it は(for 〜) to 以下を指すので,(for many disabled people) to travel short distances。
⑤ [分詞構文]
Because they lack 〜
   ↓   ↓   ↓
   ×   × Lacking 〜
接続詞の省略,主語の省略→主語は the more severely handicapped = they,動詞の原形に ing をつける。
... enough to 〜「〜できるほど十分…」「彼らは普通(手動)の車椅子を操作できるほど力が強くないので」
⑥ (1)距離が遠い (2)順応,適応,改造

📖**解説**

l.5　過去分詞 called [前の名詞を修飾する形容詞の働き]「マイクロコンピューターと呼ばれているとても小さなコンピューター」

l.6　have been 過去分詞 [現在完了形の受動態] have been used「ずっと使われている」

l.7　are now being made [現在進行形の受動態]「現在作られている」

l.7　to help disabled people lead 〜「身体障害者がより普通の生活をするのに役立つように」[help + 人 + (to)動詞の原形]

l.13　the + 形容詞「〜の人々」handicapped を修飾する副詞 more severely が the と handicapped との間に入っている。

l.15　can be operated { by a single 〜 / or { even by breath.

l.16　controlled by { a finger / , { the movement of a toe,

l.17　can sometimes be { folded up / and { carried in vehicles,

l.19　fit A with B「AにBを取り付ける」の受動態→ A is fitted with B → have been especially fitted with lifts [現在完了形の受動態]「特別にリフトが取り付けられている」

全訳

　多くの身体障害者は,彼らが日々の生活で直面する大きな困難を乗り越えるためには助けが必要である。その困難の1つは高いところに手を伸ばすことである。ある人はほとんど問題なくできるが,助けを必要としている人もいる。最近,身体障害者がハンディ

キャップを乗り越えるのに役に立つように,多くの機械や電気工学の補助器具が使われている。マイクロコンピューターと呼ばれるとても小さなコンピューターが工場で機械を制御するために長年使われてきた。身体障害者がより普通の生活をするのに役に立つように,この技術を使っている機械が現在作られている。

　障害のある人はしばしば,家の中も外も動き回るのが困難である。ほとんどの車は,部分的に体が不自由なドライバーでも使えるように改造することができるが,オートマチック車の方が彼らにとっては運転しやすい。車椅子は,多くの身体障害者が短い距離を移動するのを比較的容易にしたが,より重度の身体障害者は電動の特別な車椅子が必要かもしれない。彼らは,普通の車椅子を操作する力がないので,指1本やつま先の動きで操作できる1本のレバーや,息によってさえ運転できる特別なものを使う。電動車椅子は,時には,折りたたんで車に積めるが,手動式のものより大きい。だから,車椅子に乗ったままでも,中に直接乗り込めるような,特別にリフトが付けられた車もある。

⑩ ベンツが速度制限法を撤回させた方法 *(pp.24〜25)*

📝**解答**

① (1)イ　(2)エ
② (1)ウ　(2)イ
③ イ
④ 馬なし(の)車
⑤ (1)fury　(2)establishment
　(3)competition　(4)invitation
　(5)arrangement　(6)diplomatic

〔出典〕　法政大学

💡**解法のヒント**

① (1)怒らせた　(2)arrange for + 人 + to 不定詞「人が〜するように取り計らう」

② (1)直前の and pass them がヒント。　(2)使役動詞 get + 人 + to 不定詞 = have + 人 + 動詞の原形

③ 訳―ミュンヘンの南わずか30マイルのところにアルプス山脈がそびえたっている。ベンツが最初の型の車で朝の7時に町のはずれを出発して,規定のスピードで走り続けると,いつアルプスのふもとに到着するか。〔制限速度は時速7マイルなので 30÷7≒4.29　約4.3時間かかる。7時 + 4.3時≒11時18分　0.3時間≒18分〕

④ horseless carriage

⑤ (1)激怒，激しさ (2)設立，創立，設置，制定，施設，確立 (3)競争，試合，競技 (4)招待(状)，案内，勧誘 (5)整理，配列，協定，取り決め，準備，計画，予定 (6)外交上の，外交官の

▶解説

*l.*3 because it { was noisy / [and] scared ～

*l.*4 Pressured by ～［分詞構文］

As they were pressured by ～
↓ ↓ ↓ ↓
× × (Being) pressured by ～

接続詞の省略，主語の省略→主語は the local officials＝they，動詞の原形に ing をつけるが文頭の Being は省略可能。

*l.*5 a speed limit (for "horseless carriage") of three and a half miles ～. limit と of の間に for "horseless carriage" が挿入されていると考えると訳しやすい。

*l.*5 of { three and a half miles an hour in the city limits / [and] seven miles an hour outside (the city limits).

*l.*7 could never { develop ～ / [and] compete against ～

*l.*10 a milkman { to park his horse and ～ / ，to whip up his old horse / [and] (to) pass them / [and] as he did so to jeer ～.

*l.*13 The mayor { was furious / [and] demanded that ～.

*l.*14 because of the ridiculous speed law は後の he was not ～ の理由を表す。

*l.*15 Very soon after that「その後ただちに」

全訳

　1886 年にカール・ベンツはドイツのミュンヘンの通りで，彼の最初の車を運転した。その車は今日のメルセデス・ベンツの前身だった。

　その機械は，市民を怒らせた。なぜなら，それはやかましくて，子どもや馬を脅（おど）かしたからだ。市民に圧力をかけられて，地元の役人は，すぐに「馬のない馬車」に対して，市内では時速 3.5 マイル，市外では時速 7 マイルという速度制限法を制定した。

　もし彼がその速度で（這うように）ゆっくり走らなければならないなら，自分の車の販売市場を広げて馬と

の競争に勝つことができない，ということをベンツはわかっていた。だから，彼は市長を車の試乗に招待した。市長は受け入れた。それからベンツは，牛乳配達人がある通りで彼の荷馬車を止めておき，ベンツと市長がその横を通り過ぎたら，老馬に鞭打って追い越し，そして，彼が追い越すときに彼らをあざけるように手配した。

　その計画はうまくいった。市長は激怒し，ベンツに牛乳配達の荷馬車に追いつくように要求した。ベンツは謝ったが，馬鹿げた速度制限法があるために，自分はこれ以上速く走ることを許されていない，と言った。その後ただちに，速度制限法は改定された。

　交渉術とは人々にあなたのやり方で物事をわからせることだ，ということをベンツは証明したのである。

⑪ アパート探し　　　(pp.26～27)

☑ 解答

① (1)イ (2)ウ (3)ア (4)エ
② (a)ウ (d)ア
③ 全訳下線部参照
④ ウ
⑤ (1) compare (2) store (3) choice (4) different (5) disadvantage

▶ 解法のヒント

① (1)ルームメイトとアパート A を共有する場合，家賃は 1,000 ドルの半額になる。 (2)図より，アパート A の住人それぞれが個別に使えるものは bedroom。 (3)図より，アパート A とアパート B を比べると，アパート B の方が cooking space(＝kitchen)が 3 m² 大きいことがわかる。(4)face は「～に面している」という意味である。図より，バルコニーはどちらも西に面していることがわかる。

② (a)meet には「～に会う」の意味以外に「(条件など)を満たす」という意味もある。meet の目的語に needs「ニーズ」があるので，ここでは「ニーズを満たす」という表現が適切であると考える。ア～を見る，～に会う イ～を引きつける，魅了する ウ～を満足させる，満たす エ～を対抗させる オ～を提出する (d)perfect「適切な」ア適切な イ重大な，真剣な ウ忠実な，誠意ある エ熱心な，～を切望した オ自信のある，確信している

③ ここでの of は「～のうちで」という意味。on a tight budget は「予算が限られた」という

9

意味。

5　(1)～を比較する　(2)～を蓄える，保管する
(3)選択　(4)異なる，さまざまな　(5)不利，不便，
損失

解説

*l.*3　Though it has <u>the same</u> total measurements <u>as</u> Apartment B　the same A as B「Bと同じA」

*l.*4　per ～「～につき，～あたり」

*l.*6　, which is perfect for the student who wants to ～ studying or storage　which 以下は Apartment B を説明している［関係代名詞の非制限用法］

全訳

　オーストラリア・シドニーのダウンタウンにあるアドバンテージ・アパートメント・カンパニーは，現在，学生の住居ニーズに応えるため，2つの新しいデザインを提供しています！2つの選択肢のうち，アパートAは2人の学生で予算を抑えたい場合に最適です。アパートAはアパートBと同じ広さですが，ルームメイトと一緒に住むことで，家賃が半分の500ドルになります。また，それぞれに広いベッドルームが用意されています。それに対し，アパートBは調理スペースが3m²大きいので，ゲストを招きたい，または勉強や収納のために別々の部屋を確保したい学生には最適です。どちらのアパートを選んだとしても，両方のアパートには西向きのバルコニーがあって，シドニーの繁華街の壮大な景色を楽しむことができます。あなたの夢のアパートを今すぐ見に来てください！

⑫ ノーベル賞の成り立ち　(*pp.28～29*)

解答

1　イ，エ，オ，キ，ク
2　全訳下線部参照
3　全訳下線部参照
4　受賞者が経済的な心配なしに研究したり，働き続けたりすることができるようにすること。
5　the International Committee of the Red Cross
6　(1)announce　(2)foundation
(3)explode　(4)addition

〔出典〕　広島国際学院大学

解法のヒント

1　イ第1段落の第2文を参照。　エ第3段落の第2文を参照。　オ第4段落の第1文を参照。キク第6段落の第2文を参照。

2　dynamite, a powerful explosive「強力な爆発物であるダイナマイト」　コンマ以降の語句が直前の dynamite を説明。［挿入］

3　to celebrate ～ ［to 不定詞の副詞的用法］

4　第4段落の第2文を参照。

5　赤十字国際委員会が3度にわたりノーベル平和賞を受賞した。

6　(1)公表する　(2)創設　(3)爆発する　(4)追加

解説

*l.*1　turn to ～「～の方を向く」

*l.*2　The Nobel Prizes, six prizes ～ their fields, The Nobel Prizes を具体的に説明。［挿入］

*l.*3　stand out「突出する」

*l.*6　to help { scientists , artists , and people who worked to help others around the world

*l.*7　his will said that ～「彼の遺言状には～と書いてあった。」

*l.*7　the interest (that) the money earned［関係代名詞目的格の省略］

*l.*9　The prizes set up by Nobel「ノーベルによって創設されたその賞」［過去分詞の形容詞的用法］

*l.*13　be worth ～「～の価値がある」

*l.*14　carry on ～ing「～し続ける」

*l.*14　without having to ～「～する必要なしに」

*l.*16　either A or B「AとBどちらか」

全訳

　毎年10月には，ノーベル賞受賞者の発表でスウェーデンに世界の注目が集まる。ノーベル賞は，自分の分野で本当に突出した，個人あるいはグループに与えられる6つの賞で，スウェーデンの発明家であるアルフレッド・ノーベルによって創設された。

　(a)アルフレッド・ノーベルは，強力な爆発物であるダイナマイトを発明した人であった。生涯，ノーベルは自分の発明で大金を稼ぎ，科学者，芸術家，そして世界中にいる，ほかの人を助けるために働く人々を援助するために，お金を使いたいと決心した。彼が亡くなったとき，遺言状には，財産は銀行に預け，その利子は毎年5つの賞金として与えると書いてあった。

ノーベルによって創設されたその賞は，1901年に初めて授与され，物理学賞，医学生理学賞，化学賞，文学賞，そして平和賞が含まれている。(b)後に，1968年になってスウェーデン国立銀行が営業300周年を祝うために，経済学賞を追加した。

ノーベル賞を授与されるそれぞれの人は，賞金，メダル，そして証明書が与えられる。それぞれの分野の賞金は，現在およそ100万ドルの値打ちがあり，その賞の目的は，受賞者が経済的な心配をしなくても仕事や研究を継続できるようにするためである。

その賞は個人か団体のいずれかに与えられる。受賞者はアルバート・アインシュタイン（物理学賞，1921年），大江健三郎（文学賞，1994年），金大中（平和賞，2000年），国際連合（平和賞，2001年），そしてネルソン・マンデラ（平和賞，1993年）が挙げられる。

最も多く受賞したのは赤十字国際委員会である。この機関は3つのノーベル平和賞(1917年，1944年，1963年)を受賞し，創設者であるジャン・アンリ・デュナンは1901年に第1回ノーベル平和賞を受賞した。

⑬ 食物繊維の重要性　(pp.30〜31)

☑ 解答
- **1** (1)ウ　(2)イ　(3)ア　(4)イ　(5)エ
- **2** ウ
- **3** ウ
- **4** 全訳下線部参照
- **5** the National Health Service's website〔the UK's National Health Service〕
- **6** (1) suggestion　(2) general

〔出典〕　南山大学

💡 解法のヒント
1 (1)後ろに to 不定詞が続くものはどれか。
(2)「〜と関係がある」　(3)「食物繊維の源となる」
(4)「〜の代わりに」　(5)最後に結論をまとめていることから，「結局」という意味になるものを選ぶ。
2 cut down on 〜「〜を減らす」と同じ意味になるものを選ぶ。
3 ア10代の若者はみんな大人と同じ量の食物繊維を摂取するべきである。　イ若者が食物繊維を摂りすぎることは体に悪い。　ウ16歳以下の子どもは摂取している量よりも多い量の食物繊維を摂取するべきである。　エ大人と10代後半の

若者は十分な量の食物繊維を摂ることができているようである。
4 instead of 〜「〜の代わりに」，the recommended 30 grams「推奨されている30g」
5 最終段落の it はすべて同じものを指している。

👤 解説
*l.*1　suggest that 〜「〜することを提案する」
*l.*2　Fiber is generally found in $\left\{ {seeds \atop \boxed{or} \ \ other\ parts} \right\}$ of $\left\{ {fruit, \atop vegetables \atop {}_{,\ or}\ nuts} \right\}$ that we take in 〜
*l.*4　plenty of 〜「十分な〜」
*l.*4　be associated with 〜「〜と関係がある」

全訳
健康の専門家は，私たちの多くが砂糖の多い食べ物を減らし，食物繊維を多く摂る必要があると提案している。食物繊維は一般的に果物や野菜，ナッツ類の種やその他の部分に含まれている。食物繊維は，食物が体内をスムーズに，かつ迅速に通過するのを助ける。研究によると，食物繊維をたくさん摂ることは深刻な病気にかかる危険性を下げることにつながる。

イギリスのナショナル・ヘルス・サービス(NHS)によると，健康的な食生活のために，成人のほとんどが1日30gの食物繊維を必要としている。16歳以下の子どもは，10代後半の子どもや大人ほど食物繊維を必要としないかもしれないが，摂取している量よりもはるかに多くの食物繊維を確実に摂らなければならない。10代の子どもたちが1日に摂取する食物繊維の量は，平均15g以下である。成人は推奨されている1日30gではなく，平均18g程度しか摂取していないので，1日の食物繊維摂取量を増やす方法を見つける必要がある。

NHSのウェブサイトでは，日々の食事で食物繊維を増やすために推奨されていることがいくつかある。朝食にはオートミールを食べるように勧めている。なぜならば，大麦は食物繊維の良い源であるからである。また，昼食や夕食には，全粒粉のパスタや玄米を食べるように勧めている。デザートにケーキやアイスクリームを食べる代わりに，新鮮な果物やナッツ類を食べることを勧めている。結局のところ，私たちの食事において食物繊維を多く摂ることが健康に良いということである。

⑭ **ファーストフードレストランの均一性** （pp.32〜33）

📋 **解答**
1. エ
2. (a) options　(c) crucial
3. 全訳下線部参照
4. ウ
5. (1) choose　(2) inadequate
　 (3) appreciation　(4) decide

〔出典〕名古屋市立大学

💡 **解法のヒント**
1. 9行目 The limited 〜. の文が重要。it は形式目的語で，to 以下を指す。
to { secure adequate shipments 〜
and { thereby ensure quality control 〜
secure と ensure が and で並列している。
2. (a) 13行目。choose＝opt　e.g. adopt「採用する」，an optional subject「選択科目」(c) 21行目。crucial「決定的な，重要な，必須の」
3. it＝predictability
a hungry person { in a hurry
or { far from home
4. コンマの前後で predictability「前もって予想できること」の評価が異なることに注目する。
5. (1)選ぶ (2)不十分な (3)評価 (4)決心する

👥 **解説**
*l.*1　No matter { where fast food 〜 located
or { what type of food they sell,
「ファーストフードレストランがどこに位置していようとも，どんなタイプの食べ物を売っていようとも」
*l.*3　the same as 〜「〜と同じもの」
*l.*4　［方法の with 〜］「〜の方法で」，［同格の of］A of B「BというA」　with this formula of selling the exact same food everywhere「どこででも，まったく同じ食べ物を売るというこの方法で」
*l.*7　a small 〜「少ない〜」
*l.*7　convenient for 〜「〜にとって便利」
make＋O＋C「OをCの状態にする」
makes preparing fast food convenient
　　　　　 O　　　　　　　　 C
「ファーストフードを準備するのを便利にする」
*l.*8　part of 〜「〜の一部」⇒「〜に属する」

*l.*9　a variety of 〜「〜の種類」
a limited variety of 〜「限られた種類の」
*l.*9　though (they need them) in huge quantities
in huge quantities「多量に」
*l.*11　the meals served to customers
「お客さんに出される食事」
*l.*12　appreciate＝recognize / find「認識する」
*l.*13　If the only options are
, { what type of pizza to order
{ whether or not to have pickles on a hamburger
, or { how many pieces of fried chicken to eat,
*l.*15　it is comforting
when { there aren't 〜
and { they know in advance { what they will 〜
and { how it will taste
*l.*20　be willing to 〜「〜したいと思う」
*l.*21　over the long term「長期的に見ると」
the same { quality food
and { service } be offered
*l.*24　all the restaurants [that are part of a chain]
「チェーンに属するすべてのレストラン」

全訳
　ファーストフードレストランがどこにあろうとも，どんなタイプの食べ物を売っていようとも，最も基本的な経営原則は，規格化である。ニューヨークのバーガーキングのハンバーガーは，フロリダや，日本や，アルゼンチンや，トルコのバーガーキングのハンバーガーと同じ味でなければならない。どこででも，まったく同じ食べ物を売るというこの方法で成功を収めるためには，ファーストフードレストランは，食べ物の選択肢の数を制限する規格化されたメニューを提供しなければならない。
　メニューの品目が少なければ，特定の会社に属する何百，何千というレストランにとってファーストフードを準備するのに便利である。なぜなら，大量だけれども，限られた種類の食材だけしか必要としないからである。限られた種類（の食材）は，供給業者からのそれらの料理食材の適切な出荷を確保し，その結果，お客に提供される食べ物の品質管理を確実なものにすることができる。

ファーストフードレストランで食べたことのある人ならだれでも，規格化の便利さを認識することができる。もし，選択肢が，どのタイプのピザを注文するか，ハンバーガーにピクルスをのせるのかのせないのか，食べるフライドチキンの数はいくつか，しかなければ，決めるのは比較的簡単である。ある人々にとっては，選択肢があまり多くなくて，何を食べるのか，またそれがどんな味がするのかが前もってわかるというのは安心である。前もって予想できるという理由で，ファーストフードが嫌いな人もいるけれども，それ〔前もって予想できること〕は，急いでいたり，家から遠いお腹の減った人にとっては，安心を与えることができる。

このあらかじめわかるということは，成功するファーストフード会社にとっては必要不可欠なことである。もし，お客があるレストランで食事を楽しんだら，たぶん同じ会社のほかのレストランに行きたいと思うだろう。この種のリピートセールス〔繰り返し販売すること〕は，長期的に見るとビジネスにとって非常に重要であり，すべてのレストランチェーンで同じ品質の食べ物とサービスが提供される必要がある。

⑮ 生まれ変わる方法 *(pp.34〜35)*

解答
1. ウ
2. イ
3. エ
4. ウ
5. エ
6. (1)fascination　(2)evaluation
   (3)awareness　(4)alternate

〔出典〕 大阪商業大学

解法のヒント
1. vary「異なる」
2. 私たちのほとんどは望むよりもはるかに少ない出会いをし，多くは経験しない運命にある。結局のところ，人生は短く，機会は限られている。
3. as 〜 as one can〔possible〕＝「できるだけ〜」
4. limitation「制限」
5. 直後の A good 〜 の文が重要。新しい異なる考え，代わりとなる意見や思考方法，世の中に関する知識を情報と考える。
6. (1)魅了されること　(2)評価　(3)自覚すること
   (4)交互にする

解説
l.2　vary from person to person「人によって異なる」
l.2　generally speaking「一般的に言えば」
l.3　far「はるかに」［比較級の強調］
l.3　not nearly as 〜 as ...「…よりまったく〜でない」
l.7　allow＋人＋to 不定詞「人が〜するのを許す」
l.11　get to know「知り合いになる」
l.12　(be) aware of 〜「〜に気がついている」
l.13　the same goes for 〜「〜にも同じことが言える」
l.14　ways of living「生活様式」
l.14　enable＋人＋to 不定詞「人に〜することを可能にさせる」
l.16　whenever＋S＋V「SがVするときはいつでも」
l.16　book＋人＋a flight「人のために飛行機の予約をする」

全訳
1度の人生でどれだけの人に会えるだろうか。どれだけの経験ができるだろうか。これらの質問への答えは人により異なる。だが，一般的に言えば，私たちの多くは望んでいるよりもはるかに少ない人々と出会い，望んでいるほど多くの経験をまったくしない運命にある。結局のところ，人生は短く，機会は限られている。

しかし人生におけるもっとも重要なことの1つは，できるだけ多くの新しい魅力的な人々に会い，できるだけ多様な経験をすることである。こうすることで，私たちは人間をより良く理解し，より良い見識で人生をとらえ，そして私たちが様々な角度から物事を評価できるようにすることができるようになる。

それでは，制限があるにもかかわらず，どうやって私たちは新たな人々に出会い，新しい経験を得ることができるのだろうか。1つの答えは，できるだけ様々な分野から多数の本を読み，時間と予算の許す限り，多くの様々な場所へ旅することである。よい本を読むことは多くの新たな人々と知り合うようなものである。良い本はあなたに新しく違った考えを気づかせ，代わりとなる意見や思考方法に引き合わせ，世の中に関する知識を広げてくれるのである。同じことが旅にも言える。旅によって人は新しい文化と生活様式に目を開き，人生と社会に対する視野を広げることができる。

だからできるときはいつでも，良い本を手に取るか，

どこか異国情緒があってわくわくするどこかへの飛行機の予約をしなさい。あなたは自分自身で生まれ変わることができるでしょう。

⑯ 電話での車の整備のやりとり (*pp.36～37*)

☑ 解答

❶ ウ

❷ (1)ウ (2)イ (3)イ

❸ 全訳下線部参照

❹ (1) serve (2) satisfy
(3) resolution (4) accept

〔出典〕 関西学院大学

💡 解法のヒント

❶ **ア**トムが問題にしているのは，修理〔サービス〕について満足していないことである。 **イ**マークと彼の上司は，客の不満について話をしている。 **ウ**ノウルズ氏は自分の車がパンクしていることに不満を持っている。 **エ** want＋人＋to 不定詞「人に to 以下のことをしてもらいたい」「トムの問題を解決するために，ジョージはトムにタイヤセンターに戻ってもらいたがっている」

❷ (1)アンはどのような人物ですか。 (2)マークとトムの関係は (3)ケーブル氏の一般的な態度は

❸ would like＋人＋to 不定詞＝want＋人＋to 不定詞

❹ (1)仕える，応対する，役に立つ，（食べ物を）出す，貢献する，勤める，配る (2)満足させる，義務を果たす，返済する (3)決意，決断力，決議，解答，（問題の）解決，分析 (4)受け取る，認める，引き受ける，容認する

👤 解説

l.10 work done on his car〔過去分詞 done は前の名詞 work を修飾する形容詞の働き〕「彼の車になされた仕事」

l.13 we'll 〔go ahead
|and| 〔remove the charge from ～

l.15 to one's satisfaction「心ゆくまで」

l.15 the only way we can do that is to ～「私たちができる唯一の方法は～だ」

do that＝resolve this to his satisfaction

全訳

A：マーク，ちょうど今トム・ノウルズさんと話をしたところなのですが，彼は自分の車の修理〔自分の車にしてもらった修理〕のことで不満があり，

彼の勘定につけられたこの 38 ドル 40 セントは支払わないとおっしゃっています。それで，<u>彼は私たちに電話で連絡を取ってほしがっています。</u>

M：わかった。私が対応するよ。ありがとう。（マークが電話をかける）もしもし，ノウルズさんでいらっしゃいますか。私は，シカゴデパートのお客様係のマークです。タイヤセンターにご不満があるのですね。わかりました。ノウルズさん，少々お待ちいただけますか。ありがとうございます。（マークが彼の上司ケーブルさんに電話をする）ジョージ，ノウルズさんと電話がつながっています。彼は，彼の車になされた（車の修理の）タイヤセンターの仕事に不満を持っており，支払いを拒否しています。

G：何だって，で，いったいどんな仕事を彼は頼んだの？

M：ホイールバランスなんです。でも，彼は，車はまだ乗っても十分に直っていないと，おっしゃっています。

G：じゃあ，問題ないよ。問題が解決されるまで一時的に彼の勘定から請求を取り下げると彼に言おう。それから，私たちは，彼が満足ゆくまで，この問題を解決したいと思っていることを彼に伝えてくれるかね。でも，私たちにできる唯一のことは，彼にタイヤセンターまで車を戻してもらい，彼ら〔修理工〕にそれを調べさせることだ。そうすれば，たぶん，彼らは，問題点を見つけるだろう。わかったかい？

M：はい。もしもし，ノウルズさん。お待たせいたしました。このようにしては，いかがでしょうか…。

⑰ 言語以外のコミュニケーション (pp.38〜39)

☑解答

1 (1)ア　(2)イ

2 (1)ア　(2)オ

3 (d)イ　(e)オ

4 全訳下線部参照

5 we tend to stereotype people

6 イ

7 (1)interpret　(2)custom
(3)contradiction　(4)state
(5)impressive　(6)quantity

〔出典〕　早稲田大学

💡解法のヒント

1 (1)ア「肩の格好」　(2)イ「言葉の文字通りの意味」

3 (d)ウ「質」　エ「類似，相似」　オ「傾向」

4 so that 〜「その結果〜，だから〜」

by the accompanying ⎰tone
　　　　　　　　　　and ⎱gestures,

so that each of ⎧ "I'm ready"
　　　　　　　, ⎨ "You're beautiful"
　　　　, and ⎩ "I don't know 〜"

can mean the opposite of any 〜.

5 tend to 〜「〜しがちである」
stereotype「型にはめる」

6 [óu]　ア[á]　イ[óu]　ウ[图 prɔ́ʒekt /
[動 prədʒékt]　エ[úː]

7 (1)解釈する，説明する，演出する，通訳する
(2)(社会の)風習，(社会の)慣習，(個人の)習慣，
顧客，引き立て
(3)矛盾，否定，反駁 (ばくはん)
(4)述べる
(5)印象的な，感動的な
(6)量，数量

👤解説

l.1　through ⎰nonlinguistic means
　　as well as ⎱linguistic ones.
ones＝means　ここでの意味は「手段」
learn to 〜＝「〜するようになる」

l.2　人＋be familiar with 〜
「人は〜をよく知っている，耳にする，聞き慣れている」

l.3　when「そのとき〜」　文が長いので，前から訳すのがわかりやすい。

l.3　about ⎧ the particular voice quality 〜
　　　, or ⎨ the set of a shoulder
　　　, or ⎩ the obvious tension in 〜.

l.8　what (in the communication) causes 〜

l.9　any statement (that) we make 〜
make a statement「述べる」

l.9　as to 〜「〜に関して」

l.11　between A and B「AとBの間の」
between the literal meaning of the words and
the total message communicated
[過去分詞] communicated は前の名詞 the total
message を修飾する形容詞の働きをする。「伝達された全体的なメッセージ」

l.11　like ⎧ a sparkle in a person's eye
　　　, or ⎨ a "threatening" gesture
　　　, or ⎩ an "insulting" manner.

l.14　that ⎧ Frenchmen "talk with their hands"
　　　, ⎨ Japanese "smile" on 〜
　　　, and ⎩ American Indians are "stone-faced."

全訳

　人間は，言語手段と同様に非言語手段を通して，お互いに意思疎通をはかるようになる。私たちはみんな，「それは彼が言ったことではなかった。それは彼が言った方法(way)だった」という言い方を耳にする。そのとき，way という言葉を使うことによって，私たちは，はっきりとわかる特別な声質や，肩の格好や，ある筋肉の明らかな緊張について，何かを言おうとしているのである。メッセージは，それに伴う口調やジェスチャーによって，否定されることさえある。だから「準備できたよ」とか，「あなたはきれいだ」とか「彼がどこにいるのかわからない」というようなそれぞれの文が，文字通りの解釈の反対のことを意味することもありうる。

　しばしば，私たちは，コミュニケーションにおいて，何が意味の変化を引き起こすか正確に指摘するのが難しいということを経験する。そして，その言葉の文字通りの意味と，伝えられた全体的なメッセージとの間の食い違いの原因について，私たちの述べるどんなことも，極端に印象による言葉で表現されがちである。それは，人の目の輝きや威嚇的な身ぶりや侮辱的な態度のようなものについて言及しがちである。

私たちは，違った文化の人々の間でのコミュニケーションについて同様の印象による言い方をしがちである。時々，私たちは，フランス人は「手で話し」，日本人はふさわしくない場合に「ほほ笑み」，アメリカン・インディアンは「石のような顔をしている」と言う。その結果，私たちは，彼らの言語やジェスチャーや習慣的な動作や空間の使い方についての印象をもとに，ほかの言語的，文化的背景からやって来た人々を型にはめがちである。

⑱ 日本の教育制度の欠陥 （*pp.40～41*）

📝 解 答
1 ア，エ，オ
2 (a)ウ　(b)ウ　(d)エ
3 全訳下線部参照
4 (1)achieve　(2)performance
　　(3)educate　(4)psychology

〔出典〕 東洋女子短期大学

💡 解法のヒント

1 ア ほとんどの日本人は，日本の教育制度は彼らにすばらしい結果をもたらしたという事実を誇りに思っていた。　イ in that = because「～の点で，なぜなら」 日本の教育制度はほとんどの生徒がとても一生懸命勉強し，創造的な知的活動が得意であるという点において成功した。　ウ アメリカの生徒はたいてい，創造的知的活動や自己表現において，よい結果を示した。　エ 日本の生徒は自分を表現することを十分に教育されていなかった。オ 日本の生徒は自分自身で考えるより試験に合格したいという願望を持つ傾向があった。

2 (a)ア 日本の生徒に近づいた　イ ほかの先進国の生徒に近づいた　ウ 最低に位置した　エ 日本の生徒よりも下に位置した
(b) making ～ 〔分詞構文〕
　　and they made ～
　　 ↓　　↓　　↓
　　 ×　 × making ～
〔接続詞の省略，主語の省略 ── 主語は their minds = they，動詞の原形＋ing で始める〕
ア それらの事実，考え方，意見をさらに似たものにした　イ それらの事実，考え方，意見をさらに違ったものにした　ウ 生徒たちをさらに似たものにした　エ 彼らの考えをさらに違ったものにした
(d) subjecting ～ 〔分詞構文〕
　　because it subjected them to ～
　　 ↓　　↓　　↓
　　 ×　　× subjecting them to ～
〔接続詞の省略，主語の省略，動詞の原形＋ing で始める〕
ア allow＋人＋to 不定詞「人が～するのを許す」
イ enable＋人＋to 不定詞「人が～するのを可能にする」　ウ permit＋人＋to 不定詞「人が～するのを許可する」　エ force＋人＋to 不定詞「人に無理矢理～させる」

③ handicapped ～［分詞構文］
　　because they　were　handicapped ～
　　　　↓　　　　↓　　　　　↓
　　　　×　　　　×　　（Being）handicapped ～
　　［接続詞の省略，主語の省略，動詞の原形＋ing
　　で始める，文頭の Being は省略可能］
④ (1)成し遂げる，成就する，達成する　(2)実行，
　　公演，上演，演奏，成績，作業，能力　(3)教育す
　　る，養成する，訓練する　(4)心理学

解説

*l.*1　about ┌ Japanese education
　　　 └ and ┘ trends among youth
*l.*3　all young people ┌ completed the ～
　　　　　　　 └ and ┘ studied extremely ～
*l.*3　［付帯状況］leading through ～「～しなが
　　ら」「高校の終わりまで通しながら→高校を卒業
　　するまで」
*l.*4　［付帯状況］usually driven「たいてい～にか
　　り立てられた状況で」
　　usually driven by ┌ heavy homework
　　　　　　　　 └ and ┘ the desire to ～
*l.*6
　　by ranking usually ┌ first
　　　　　　　 └ or ┘ near the top ┘ among ～
*l.*10　prepared for ┌ taking examinations
　　　　　　 └ than ┘ thinking for themselves.
*l.*11　but (they were) not (excellent) at ～［語句
　　の省略］
*l.*13
　　making them even ┌ more homogeneous ～
　　　　　　　 └ and ┘ less fitted for ～
*l.*13　the international role (that[which])
　　history ～［関係代名詞 that[which]の省略］
*l.*14　The examination cram schools
　　　　　　　　［that most of them attended］
　　usually worsened ～.
　　［関係代名詞 that から2つ目の動詞 worsened の
　　前までが The examination cram schools にかか
　　る。ただし，2つ目の動詞の前に副詞 usually が
　　入っている］
*l.*18　many Japanese children, ┌ subjecting them ～
　　　　　　　　　　 └ and ┘ tending to ～

全訳
　　日本の教育と若者の傾向に関してかなりの懸念が

あった。ほとんどの日本人は当然のことながら教育制度のすばらしい成果に誇りを持っていた。事実，すべての若者は，高等学校までの教育の12年間を終え，たいていは多量の宿題と，次の段階で最もよい学校に入学するための試験に合格したいという気持ちにかり立てられて，この期間全体を通して，とても一生懸命に勉強した。彼らは，数学や科学のような計測可能な分野において，先進国の間では，たいてい一番かそれに近い地位につくことで，これらの努力〔とても一生懸命に勉強したこと〕の結果を示した。それとは対照的に，アメリカの生徒たちはたいていは底辺近くにいた。
　　しかしながら，日本人は，自分たちの教育制度にもまた欠陥があることを認識していた。生徒たちは，自分ひとりで考えるよりも，試験を受けることの方に訓練された。彼らは，記憶する勉強〔暗記勉強〕には優れていたが，創造的知的活動や自己表現については，そうでは〔優れてはい〕なかった。彼らの頭は，同じ事実，考え方，意見でぎっしり詰まっていた。そして彼らをそれまで（すでにそうであった）よりもさらに均質的にし，そして，歴史がその国に押しつけていた国際的な役割を果たすのにより不適当（な人間）にした。彼らのほとんどが通った進学塾は，たいてい状況をさらに悪くした。外国語のようなある分野では，英語を話すことよりもむしろ試験に合格する方法を学ぶことに焦点が置かれた，柔軟性のない，時代遅れの指導方法によってハンディを負って，日本人〔日本の生徒〕は，とてもお粗末な成果を上げた。学校は，子どもたちをつらい心理的プレッシャーにさらし，彼らが自発的に，人とは違って行動する気をなくさせる傾向があるので，多くの日本の子どもたちにとっては，おもしろくない経験だったのである。

⑲ 道案内　　　　　　　　　（*pp.42～44*）

解答
① 全訳下線部(a)参照
② 全訳下線部(b)参照
③ I don't remember a dentist being
　there
④ (1)ア　(2)エ
⑤ イ
⑥ (1)エ　(2)ウ

〔出典〕　駒澤大学

（左上）

左段

解法のヒント

1 be tied up「（忙しくて）手が離せない」 at the moment「今のところ」

2 seem to ～「～であるようだ」 out of ～「～から出る」

3 remember a dentist being there において，a dentist は動名詞 being の意味上の主語になっている。

4 (1)テッドの5番目の発言で「ATM が確かにある」と言っており，地図からも読みとることができる。ア「～の隣の」 イ「～の反対側の」 ウ「通りを渡った」 エ「遠い」 (2)ア「実は」 イ「結局」 ウ「つまり」 エ「もしそうなら」

5 テッドの最後の発言内容から推測する。

6 (1)「なぜテッドはよいタイミングだと言っているのか」ビルがバス停に到着したときとテッドが電話をかけたタイミングが重なったからである。(2)「なぜビルはバス停まで車で戻りたいと言っているのか」ビルの最後の発言から推測する。

解説

l.3 Thanks for ～ing「～してくれてありがとう」

l.7 Is it OK if I give you directions instead? とたずねるよりも丁寧な言い方。

l.13 sharp right-hand turn「鋭く右に曲がる」急な曲がり角を曲がるという意味。

l.16 remember ～ing「～したことを覚えている」

全訳

　ビルはテッドを訪れるつもりである。テッドは携帯電話でビルに電話する。

B：もしもし。

T：やあ，ビル。今日は僕を訪ねてきてくれてありがとう。東京からのバスの旅はどうだった？

B：問題なかったよ。渋滞もなかったし，いい席に座れたよ。とりあえず，バス停に着いたところだよ。

T：ああ，グッドタイミングだね。ところで，(a)君に会いに行くと言ったものの，今はちょっと忙しくてね。代わりに行き方を教えてもいいかな？

B：もちろん。僕は今，南側の駐車場に立っているよ。(b)ここから出る方法はひとつしかないみたいだね。

T：そうだね。まず，駐車場から出ている道を右に曲がって。

B：わかったよ。

T：右手にあるラーメン屋さんを通り過ぎて，次の角を右に鋭く曲がるんだ。

B：わかった。今，歯科医院を通り過ぎようとしてい

右段

るけど，合ってる？

T：うーん，歯科医院があったかは覚えていないなあ。でもその通りに ATM があることは確かだよ。

B：ああ，ほんとだ！それも見えるよ，歯医者さんのすぐ隣にあるよ。

T：そうか，よかった。

B：前のほうに高速道路が見えるけど，この道で合ってる？

T：確かに合ってるよ。いったん高速道路の下をくぐったら，2つ目の角を右に曲がって100mほど歩いて。正面左手に僕の新しい赤いフェラーリが見えるはずだよ。

B：フェラーリを買ったの？！うらやましい。それだったら，あとでバス停まで送って，フェラーリの走りを見せてよ！

⑳ 色が表すこと　(pp.45～46)

解答

1 (1)イ　(2)エ　(3)ア　(4)ウ

2 全訳下線部参照

3 イ

4 ウ

5 (1)○　(2)○　(3)×　(4)○

〔出典〕 実践女子大学

解法のヒント

1 (1)for example「例えば」 (2)A as well as B「B だけでなく A も」 (3)despite「～にもかかわらず」 (4)either A or B「A か B のどちらか」

2 planning to ～の部分は直前の Companies を後置修飾している。

3 この it は主語を表しており，この文の主語は a U.S. company である。

4 to the Chinese は「中国人にとって」という意味。

5 (1)色は幸せであろうと動揺していようと，人々の感情に影響を与えることができる。　(2)中国の人々は白い色を見ると，白い色と誰かの死を結びつけてしまうかもしれない。　(3)黄色のマーカーが何を意味するかを知っていたので，中国の人々は供給者のためにその製品を受け入れる気になった。　(4)国際的にビジネスを成功させたいのであれば，赤を使う前によく考えることを勧める。

解説

l.2 when used to represent the peace ～

when の直後に it is が省略されている。

l.6　Black is associated ⎰ with sophistication
　　　　　　　　　　 and ⎱ with high technology ～

be associated with ～「～を連想させる」

l.8　thus「したがって」

l.10　want to become familiar with ～「～に精通
したい」

l.13　The company later learned〔that to the
Chinese the yellow marker signified [that the
product was defective]〕.

that 節の中にもう 1 つ that 節が入り込んだ形。

l.16　despite「～にもかかわらず」　これは前置詞
なので，後ろに節はこない。in spite of と同意。

l.23　with caution「注意して」

全訳

　色には肯定的な意味と否定的な意味の両方があり，
色は人の感情や気分にも影響を与える。例えば，青は，
空や海の青さから連想される平和や静けさを表す場合
は肯定的な意味を持つ。また，悲しみや落ち込みを表
す場合には，否定的な意味を持つこともある。人々は
ゆううつな気分を表現するのに "I'm blue" と言う。黒
もまた，肯定的にも否定的にも捉えられる色である。
黒は高度な知識やハイテクのイメージがあるが，一方
で葬式にふさわしい色とされており，悲しみを感じさ
せる色でもある。白は純粋さや無邪気さを連想させる
ため，石鹼や花嫁衣装などのマーケティングにうまく
利用されている。しかし，中国などの国では，白が葬
式にふさわしい。

　世界に向けて製品を販売しようとする企業は，特定
の海外市場に参入する前に，色の持つ特殊な意味を
知っておく必要がある。ある米国企業が中国で製品を
販売する際に，検査に合格したことを示す黄色のマー
カーを製品に書き入れた。のちに，中国人にとって黄
色のマーカーは不良品であることを意味していること
を知ったのである。米国でつけられる黄色のマークの
意味を説明しても，中国人は荷物を受け入れることが
できなかった。黄色は，太陽の光や幸せといった肯定
的なイメージがあるにもかかわらず，臆病などのネガ
ティブな意味合いがあるため，国際的に商品を販売す
るには最適ではないかもしれない。

　海外で製品を販売しようとした企業の中には，製品
の色やパッケージの色を間違えたために失敗したとこ
ろもある。緑は，フランスやスウェーデンでは化粧品
のイメージが強いが，緑のジャングルがある国では病
気を連想させるため，否定的な意味合いがある。国際
的に製品を販売する際，赤の使用には注意が必要であ
る。韓国では，製品やそのパッケージに赤を使用する
ことは推奨されない。なぜなら，共産主義を連想させ
るからである。これは，ほとんどの韓国人にとって望
ましくない連想である。